贵州财经大学与商务部国际贸易经济合作研究院联合基金项目

营改增对提升企业竞争力的影响研究

杜 剑等 著

科学出版社

北 京

内 容 简 介

本书作为学术研究著作，尝试研究"营改增"对提升企业竞争力的影响。本书以理论为指导，实证探讨微观层面"营改增"政策对企业竞争力的影响和宏观层面"营改增"政策对企业区域竞争力的影响，并分别从微观和宏观层面提出相关的政策建议。

本书内容覆盖面广、信息量大、系统性强，适合高等学校会计、财务管理、审计、财政、税收等经济管理类专业的高年级本科生、研究生作为参考书使用，也适合对税收与公司财务感兴趣的研究者阅读，对财政部、国家税务总局等政府部门的实际工作者也有一定的参考价值。

图书在版编目（CIP）数据

营改增对提升企业竞争力的影响研究 / 杜剑等著. —北京：科学出版社，2023.12

ISBN 978-7-03-077263-3

Ⅰ.①营…　Ⅱ.①杜…　Ⅲ.①增值税-税收改革-影响-企业竞争-竞争力-研究　Ⅳ.①F812.422 ②F271.3

中国国家版本馆 CIP 数据核字（2023）第 248081 号

责任编辑：王丹妮 / 责任校对：贾娜娜
责任印制：张　伟 / 封面设计：有道设计

科 学 出 版 社 出版
北京东黄城根北街 16 号
邮政编码：100717
http://www.sciencep.com

北京盛通数码印刷有限公司 印刷
科学出版社发行　各地新华书店经销

*

2023 年 12 月第　一　版　开本：720×1000　1/16
2023 年 12 月第一次印刷　印张：8 3/4
字数：176 000

定价：126.00 元
（如有印装质量问题，我社负责调换）

前　　言

近年来，营业税改征增值税（简称"营改增"）作为热门话题受到了全国人民的广泛关注。"营改增"之前，我国一直存在增值税和营业税长期并存的局面，导致对纳税人重复征税，给纳税人带来沉重的税收负担。自 2016 年 5 月 1 日起，我国在全国范围内全面推开"营改增"的工作。

在深化财税制度改革和供给侧结构性改革的双重背景下，"营改增"的税制变化是加快现代化进程的关键一步和重要举措，其重要性是不言而喻的："营改增"政策实施之后，给企业带来了税收红利，减轻了企业税收负担，这种结构性减税政策的税收体制变革在很大程度上能够推进我国经济结构的转型升级和经济的高质量发展。

本书的设计紧跟时代热点，对"营改增"政策效应（微观和宏观）进行分析，丰富关于"营改增"政策的研究，为政策改革效果的研究提供新的思路。另外，在研究设计中，力求全面、多层次、多视角地研究"营改增"政策效果，研究内容包含经济学、税收学、管理学等学科的交叉，有助于为政策改革的相关研究提供更为广泛的思路，为经济学与管理学交叉学科的研究提供新的方向。全书顺序明了、逻辑清晰，旨在为使用者的查阅带来便利。

杜剑、杨杨负责全书的思路和结构设计及相关撰写工作。由于时间紧，工作量大，在某些方面还有待进一步开展更加深入的研究，并对其中的信息加以完善，进一步为我国相关政策的顺利开展贡献自己的一份力量。感谢史艳敏、刘窈、杨兵、王肇、朱义喆、于芝麦、郭瞳瞳、楚琦、谢华丽等对本书的支持。

杜　剑

2023 年 5 月

目　　录

第1章　引言··1

1.1　研究背景、意义和创新···1

1.2　国内外研究现状··3

1.3　研究内容和研究方法··7

第2章　制度背景及理论基础···9

2.1　制度背景及进程··9

2.2　理论基础··10

第3章　微观层面"营改增"政策对企业竞争力影响的实证分析·············12

3.1　理论分析与假设提出··12

3.2　研究设计与样本选择··14

3.3　实证结果与分析··27

第4章　宏观层面"营改增"政策对企业区域竞争力影响的分析·············88

4.1　宏观层面"营改增"政策对企业区域竞争力影响的理论分析·············88

4.2　宏观层面"营改增"政策对企业区域竞争力影响的实证分析·············91

4.3　减税的宏观经济效应··94

第5章　结论及政策建议···117

5.1　研究结论··117

5.2　政策建议··118

参考文献···122

第1章 引　言

1.1　研究背景、意义和创新

1.1.1　研究背景

　　"营改增"之前，我国一直存在增值税和营业税长期并存的局面，导致对纳税人重复征税，给纳税人带来沉重的税收负担。为进一步深化我国的税制改革，2011 年 10 月，国务院决定在一些地区率先实行"营改增"的试点工作。自 2012 年 1 月 1 日起，我国率先将上海作为"营改增"试点，对交通运输业和部分现代服务业开始实施征收增值税改革；2012 年 9 月 1 日至 2012 年 12 月 1 日，试点范围从上海市分批次扩大至八省（直辖市），这八省（直辖市）包括北京市、江苏省、安徽省、福建省（含厦门市）、广东省（含深圳市）、天津市、浙江省（含宁波市）、湖北省；自 2013 年 8 月 1 日起，交通运输业和部分现代服务业"营改增"的试点工作开始推向全国，在扩围的过程中将广播影视服务也纳入了试点范围；2014 年 1 月 1 日，铁路运输和邮政服务业又被纳入"营改增"试点范围并在全国范围内实施。至此，交通运输业已全部由征收营业税改制为征收增值税。2014 年 6 月 1 日，电信业也在全国范围内开展"营改增"的试点工作。此时，"营改增"试点工作的覆盖范围已经包括 3 个行业大类和 7 个现代服务业，也就是"3+7"个行业。2016 年 3 月 23 日，财政部和国家税务总局联合颁布了《关于全面推开营业税改征增值税试点的通知》。经国务院批准，自 2016 年 5 月 1 日起，在全国范围内全面推开营业税改征增值税的试点，建筑业、房地产业、金融业、生活服务业等全部营业税纳税人，纳入试点范围。

　　在深化财税制度改革和供给侧结构性改革的双重背景下，"营改增"的税制变化是加快现代化进程的关键一步和重要举措，其重要性是不言而喻的：一方面，"营改增"整体实现了增值税的全面覆盖，基本上消除了征收营业税时存在的较为严重的税款重复征收的现象，所有行业都纳入"营改增"范围后使得增值税的抵扣链条更加完善，对服务业的发展和制造业的转型升级起到了积极的推动作用；另一方面，在上一轮增值税转型改革中，企业购进机器设备纳入了增值税的抵扣范围，这次增值税改革又将购置不动产纳入增值税的抵扣范围，实现了更加规范的消费型增值税制度，促进了企业加大对不动产的投资力度，增强了企业的经营活力。

"营改增"政策实施之后，给企业带来了税收红利，减轻了企业税收负担，这种结构性减税政策的税收体制变革在很大程度上能够推进我国经济结构的转型升级和经济的高质量发展。因此，本书试图从微观和宏观两个视角来检验"营改增"的政策效果，探究微观层面"营改增"政策对企业竞争力的影响及宏观层面"营改增"政策对企业区域竞争力的影响，为"营改增"政策的实施效果提供数据支撑和文献支持。

1.1.2　研究意义

本书对"营改增"的政策效应进行分析，意义如下。

（1）检验"营改增"政策的微观和宏观效果。为企业如何更好地提高竞争力提供理论和实务依据，为"营改增"政策的制定者和社会经济生活中关注"营改增"政策实施的相关人士提供具有侧重性的综合政策分析报告，为"营改增"实施效果评价体系提供依据，为国家政策的调整、查漏补缺提供可靠资料，为我国"营改增"的进一步改革和完善提供数据支持，为深化改革凝聚共识。

（2）探索政策完善途径，草拟政策完善方案。通过深入的数据分析和理论分析，挖掘"营改增"在实际实施过程中存在的漏洞，尝试性探索弥补缺漏的政策方针，提出政策完善方案，为税收政策的完善贡献力量。

（3）丰富相关交叉学科的研究内容及研究思路。本书将采用多种实证分析模型，尝试性探索企业管理、区域经济交叉学科下衡量税收政策效果的研究思路，丰富相关领域的研究。

1.1.3　研究创新

1. 研究内容创新

本书的设计紧跟时代热点，对"营改增"政策效应（微观和宏观）进行分析，丰富关于"营改增"政策的研究，为政策改革效果的研究提供新的思路。另外，在研究设计中，力求全面、多层次、多视角地研究"营改增"政策效果，研究内容包含经济学、税收学、管理学等学科的交叉，有助于为政策改革的相关研究提供更为广泛的思路，为经济学与管理学交叉学科的研究提供新的方向。

2. 研究方法创新

本书在实证设计中力求采用前沿、专业的软件，采用科学的模型和方法，在精确、准确的数据资料基础上进行研究。研究"营改增"对企业竞争力的政策效果时，借用科学的效率分析方法——数据包络分析（data envelopment analysis，DEA）模型，将 DEA 模型与双重差分（difference-in-difference，DID）模型相结合，综合测算"营改增"对企业产品层竞争力的影响效果；在检验"营改增"对企业区域竞争力的政策效果时，借用国内外宏观经济研究主流工具动态随机一般均衡（dynamic stochastic general equilibrium，DSGE）模型进行分析，保证实证分析更契合区域宏观经济水平，为研究结果的可靠提供强有力的专业支撑。总之，本书在设计时，尽可能采用最前沿、最科学的方案，力求更合理、更科学地评价"营改增"的实施效果，并在此基础上提出政策调整方案。

1.2　国内外研究现状

1.2.1　关于"营改增"研究现状

1. "营改增"的制度设计分析

国内外诸多学者关于"营改增"制度的研究，为本书的研究提供了翔实的理论基础，也为本书的理论分析提供了支撑。例如，Walker 等（1979）提出，增值税能够规范企业会计核算，同时能够拓展财务核算范围，完善增值链条，保障效率和公平；Corput 和 Annacondia（2010）认为，营业税以商品和服务为课税对象，本质上仍属于增值税体系。国内学者，如高培勇（2013）认为"营改增"不仅仅是简单的税制改革，甚至可以说是整个社会经济体制的改革，对于税收体系重建、倒逼分税制财政体制重构及全面改革方面有重要意义；赵迎春等（2013）将减轻某些行业的税负，从而促进经济增长，调整产业结构称为"营改增"结构性减税效应；李建人（2013）认为，"营改增"在经济危机应对中有重要的战略作用，是促进我国经济发展必要的宏观调整手段；随着时间的推移，其结构性减税的效果将日益凸显；陈钊和王旸（2016）发现"营改增"能够促进专业化分工。这些国内外研究成果，为本书的实证分析和假设提供了理论支持。郭月梅（2013）、杨芷晴（2013）探索了"营改增"背景下税收体系的完善思路；王玺等（2016）、王甲国（2016）等学者为各行业应对"营改增"政策提供了策略。刘建徽和周志波（2016）通过预测分析金融业、房地产业、建筑业、生活服务业四大行业"营改增"前后税负变化情况，指出当前改革亟待解决的税收管理难度大、部分项目取得抵扣凭据困难等现实问题，并提出设立政策改革"过渡期"、推进配套改革以完善财税管理体制等政策建议。这些研究对本书"营改增"政策调整方案设计提供了丰富的可行路径。

　　2. "营改增"的宏观经济影响效应分析

　　本部分相关的实证研究不多，但前人的研究成果仍能够为本书的研究提供思考和借鉴。例如，田志伟和胡怡建（2014）采用可计算一般均衡（computable general equilibrium，CGE）模型，研究了"营改增"的综合宏观经济效果。姜竹和马文强（2013）研究发现，试点地区的"营改增"政策对地方财政的长期稳定性有促进作用。郝晓薇和段义德（2014）从宏观视角归纳"营改增"的税制完善效果、减税减负效果、经济优化效果和改革发展效果四大方面。周彬和杜两省（2016）分别利用差分整合移动平均自回归模型（autoregressive integrated moving average model，ARIMA）和普通最小二乘法（ordinary least squares，OLS）估计了"营改增"效应和全面扩围形成的减税效应，认为"营改增"在短期内对全国财政收入有增加的效果，但这一效应会迅速减弱，改革中期会减少税收，但长期来看对税收有增加作用。李涛和刘丹丹（2018）采用高斯混合模型（Gaussian mixture model，GMM）和非线性回归方法进行研究，发现我国目前较高的宏观税负短期内显著抑制经济增长，长期内对经济增长将具有稳定的正向调节作用。潘常刚（2018）利用可计算一般均衡模型研究发现"营改增"在一定程度上缩小了福利差距，有利于公平。袁从帅等（2019）研究发现"营改增"带来的流转税制优化有利于服务业发展，是近期中国经济结构调整的重要影响因素。卢洪友等（2019）研究发现，"营改增"改革引起了地方政府财政压力加剧、工业活动增加、国有建设用地出让面积扩张、工业用地价格下降及环境规制强度下降，在这些因素的综合作用下，区域环境质量变差。孙正等（2020）研究发现"营改增"显著改善了全要素生产率，为中国经济高质量发展提供了动力。以上研究为本书提供了丰富的理论和实证经验。基于前人的研究成果，本书设计了宏观视角下"营改增"政策对企业的区域竞争力效果的相关研究。

3. "营改增"的微观经济效应分析

已有"营改增"微观经济效应分析系列文献主要围绕"营改增"对企业的税负（王玉兰和李雅坤，2014；曹越和李晶，2016；高利芳和张东旭，2019；杜莉等，2019）、企业创新（袁从帅和包文馨，2015；孙吉乐，2017；栾强和罗守贵，2018；袁建国等，2018；张璇等，2019；刘建民等，2019；毛捷等，2020）、研发投入（邹洋等，2019；邵悦心等，2019）、企业绩效（刘建民和蒋雨荷，2016；倪静洁和万红波，2016；滕承秀，2019）、专业化分工（陈钊和王旸，2016；范子英和彭飞，2017；钱晓东，2018）、投资和生产效率（李成和张玉霞，2015；许海宴和安久意，2020）、企业价值（曹平和王桂军，2019）等方面的影响进行考察。关于 2016 年 5 月 1 日后对四大行业（建筑业、房地产业、金融业和生活服务业）"营改增"的定性及定量分析，仅有少数相关研究，并且多数局限于"营改增"对单一行业税负的影响（如迟丽华和贾滢，2014；张英明，2017；高峻和洪佳佳，2017）及实务层面"营改增"效果的分析（如唐梅等，2017）。对于"营改增"全面实施后的政策效果及其对企业未来发展的综合效果的数据验证和实证分析，则亟须填补。这也是本书设计实证部分数据检验的原始动因。

4. 实务层面的政策应对方案及"营改增"效果解释

相关研究提出了不少"营改增"在实施过程中产生的亟待解决的问题，如王甲国（2016）对建筑业税收政策改革背景及税收征管状态进行了分析，发现发票管理机制不完善、增值税抵扣链条不完整、会计核算难度大及行业"潜规则"的影响等问题，他提出，建筑业企业应做好衔接工作、合理确定服务价格、梳理供应商等。李彩霞和韩贤（2017）认为"营改增"政策实施后，需要加快完善会计准则，弥补现行会计准则对增值税处理方面规定的缺失。除此之外，高金平（2016）等学者从实务角度为金融服务业、建筑服务业等行业纳税人提供征税范围界定、计税方法选择等方面的应对建议，也对本书有重要的参考意义。

1.2.2　关于企业竞争力的研究现状

1. 企业竞争力的决定维度研究

对于企业竞争力影响因素的研究，以理论分析为主，如金碚（2003）认为关于企业竞争力的衡量要从测评指标（竞争力的结果评价）和分析指标（竞争力的决定因素）两方面来考核，并尝试以企业竞争力监测指标体系的方式进行企业竞争力测评指标的量化；刘平（2007）认为企业竞争力的影响因素和决定因素有外部环境、有形及无形资源、企业管理和企业核心能力四个方面；胡大立等（2007）认为企业竞争力的决定维度包含四个基本方面，即经营的外部环境、资源、核心能力和企业的知识；朱伟和唐国琼（2008）将企业竞争力解释为制度、资源、能力和知识。上述研究为企业竞争力的界定提供了参考，也为本书关于企业竞争力的区分提供了思路。

2. 企业竞争力的影响因素研究

除关于企业竞争力评价标准和决定维度的理论研究外，诸多国内学者从实证研究的角度对企业竞争力的影响因素进行讨论，如杨卓尔等（2014）以主观指标来衡量企业竞争力，认为企业原始创新对企业竞争力有显著的提升作用；周湘峰和郭艳（2011）采用结构方程模型进行实证分析，发现企业的供应链管理能够显著提升企业绩效，还能够提升其竞争力。企业资源能力是企业竞争力的来源，对企业竞争力有显著的影响。徐月芳和吴易明（2012）从企业规模、营利能力和成长潜力三方面评估企业竞争力，结果发现企业承担社会责任能够提升企业竞争力，有利于企业的长期发展。徐天舒（2020）运用刘迎秋（2004）开发的中国民营企业竞争力指数指标体系（China enterprise brand competitiveness index system，ECI）度量企业竞争力，研究发现企业社会责任（corporate social responsibility，CSR）对企业竞争力产生正向影响。也有部分学者对外部环境因素与企业竞争力的关系进行了研究，如金碚和龚健健（2014）选取企业绩效评价指标（资产贡献率）作为企业竞争力的衡量标准，研究经济走势和政策调控对企业竞争力的影响，结果表明稳定增长的经济环境能够提高企业的经营绩效，偏紧的财政政策和稳健的货币政策有利于提高企业核心竞争力；林汉川和管鸿禧（2004）运用层次分析法从外部环境竞争力、短期生存实力、中期成长能力、长期发展潜力和综合竞争力等方面比较我国不同经济区域中小企业的竞争力，结果发现东部中小企业竞争力最强，中部地区的中小企业竞争力稍强于西部。赵春妮和寇小萱（2018）从企业经营绩效和内外部利益相关者及外部社会影响三个方面来度量企业竞争力，从价值参与、员工认同及环境适应三个维度来衡量企业文化，研究了企业文化对企业竞争力的影响，研究发现企业文化的各个维度均对企业竞争力起到显著正向作用。以上研究成果为本书的实证研究和理论分析提供了丰富的资料。本书参考上述资料拟将企业竞争力按照宏观区域经济竞争力和微观企业内部制度层、产品层竞争力进行划分。

1.2.3 国内外研究评述

上述关于"营改增"问题和企业竞争力方面的国内外研究成果十分充实，为本书的项目设计提供了思路基础，为本书的研究提供了丰富的文献支持和可靠的经验借鉴。国外学者对于我国"营改增"政策的研究较少，但以上研究成果为本书的研究设计提供了丰富的实证方法和经验借鉴，大部分资料能够证明"营改增"试点阶段政策改革对企业结构调整、产业转型、企业减负等方面起到了积极作用。然而，综观已有的研究成果，仍鲜见关于 2016 年 5 月 1 日后四大行业的"营改增"政策效果分析，鲜见关于企业竞争力受政策层面影响的交叉学科研究，尤其是针对"营改增"对企业竞争力影响的定性及定量分析，并且现有的少量相关研究也存在不够全面、不够深入等问题。因而本书的研究，拟在这一领域进行丰富，以期对我国"营改增"改革向纵深推进提供建议。

1.3　研究内容和研究方法

1.3.1　研究内容

本书运用文献研究、规范研究和实证研究等方法综合研究"营改增"的政策效应（包括微观和宏观），并根据分析结果提出可行性建议。数据和信息采集时间窗口为 2010~2019 年。

本书共 5 章：第 1 章是引言，阐述研究背景和研究意义，探讨国内外对"营改增"和企业竞争力的研究现状，阐述本书的研究框架；第 2 章是研究的制度背景及理论基础；第 3 章从微观层面运用理论及实证方法研究"营改增"政策对企业竞争力的实际影响效果，在实证部分选择双重差分模型的面板数据分析及 DEA 等方法对企业制度层竞争力和产品层竞争力分别进行研究；第 4 章从宏观层面运用理论及实证方法研究"营改增"政策对企业区域竞争力的实际影响效果，在实证部分选择 DSGE 模型进行区域经济竞争力分析；第 5 章根据前文研究结果，拟定"营改增"政策完善方案，以供相关决策部门参考，推进改革向纵深发展。

1.3.2　研究方法

本书主要采取的研究方法有文献研究法、实证研究法、双重差分法、因子分析法、DEA 模型和 DSGE 模型。

（1）文献研究法。查询相关文献资料，全面了解掌握与"营改增"相关的内容和理论及相关研究方向，总结"营改增"对各方面的影响。

（2）实证研究法。根据 2010~2019 年披露的上市公司财务数据及宏观经济数据，分析探讨"营改增"政策对企业竞争力的影响。

（3）双重差分法。根据 CSMAR 数据库中上市公司的相关财务数据，采用双重差分法对"营改增"的政策效应进行评价分析。

（4）因子分析法。根据因子分析法计算企业制度层竞争力。

（5）DEA-Malmquist 指数模型。使用 DEA-Malmquist 指数法测算全要素生产率，即企业产品层竞争力。

（6）DSGE 模型。DSGE 模型是现代宏观经济学的主流研究方法，已被广泛应用于宏观经济研究中。本书选取 DSGE 模型进行"营改增"的宏观经济效果分析。

第2章 制度背景及理论基础

2.1 制度背景及进程

1954年法国开始征收增值税，其对国家经济发展的好处凸显出来，因此增值税迅速被世界上其他国家采用。1979年，我国也开始了征收增值税的尝试，从严格意义上讲，这并不是真正的增值税，只是引入了增值税的计税方法。为了促进各个产业的发展、引导其投资方向和结构，一直以来，我国都在进行着税收体制的变革。《中华人民共和国国民经济和社会发展第十二个五年规划纲要》中指出：坚持把经济结构战略性调整作为加快转变经济发展方式的主攻方向。加快发展服务业，促进经济增长向依靠第一、第二、第三产业协同带动转变。当时的税制结构成为促进这些进步的一大障碍，因为服务业和第三产业主要征收营业税，营业税的重复课税问题对产业结构的调整有反向的作用。2011年3月，在十一届人大四次会议上所作政府工作报告提出要在一些生产性服务业推行增值税改革试点。在此背景下，财政部和国家税务总局于2011年11月16日联合下发了《营业税改征增值税试点方案》，并首先将现代服务业纳入"营改增"试点范围，以此拉开了"营改增"的序幕。

前期我国在部分行业和地区实施"营改增"的试点工作取得了较好的成效，随即全面推开"营改增"的试点，在全国范围、各个行业内逐步用增值税取代营业税，至2016年5月1日，彻底完成营业税改征增值税的税制改革。图2.1描述了"营改增"逐步推进的具体方案及时间节点。

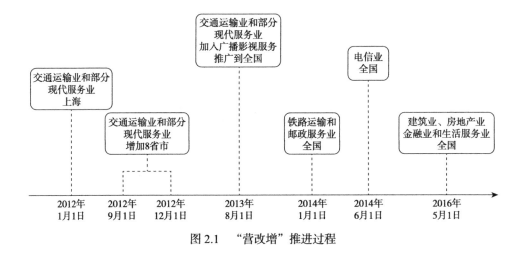

图 2.1　"营改增"推进过程

2.2　理　论　基　础

2.2.1　税收负担理论

税收负担是纳税人在一定时期内所支付的税收费用，税收负担可分为微观税负和宏观税负。其中，微观税负是考察产品、行业、公司等情况，对个人或企业进行征税，以个人所得税、企业所得税的形式表现出来，微观的情况也是税收制度制定的参考依据。宏观税负可以理解为国家总体税负水平，通常表示为国内生产总值（gross domestic product，GDP）税负率，可以比较各国的税负水平，从而分析各国税收收入与经济发展水平之间的关系。在生产经营过程中，企业会有不同的行为。在税收范围内，这些活动是在相应税种的范围内，有的可能是一个税种，有的可能在多个税种的范围里，行为不同收入不同，行为的税收额也不同，如某行为发生的关税、所得税等，可以有效衡量企业在一定时期内的税负水平。因此，在"营改增"实施前及实施过程中，政府应考虑"营改增"带来的税负率的变化。

2.2.2　税收中性理论

根据税收中性理论，市场具有自我调节的能力，"看不见的手"能在没有政府帮助的情况下，自发优化市场运作，在满足各公司税负较小的环境里，国家税收政策不应对市场运作产生影响，应让经济资源表现价值，实现其配置，达到最优。若有巨大税收负担需要承担，这将对承担税收负担的人的行为产生影响，对资源也产生了不利影响，无法达到配置的最优化，最终对经济发展不利。该理论是基于四项税收原则，即平等、确定、便利和经济。当大多数地方制定税制时，该理论对他们来说是影响最多、影响最大的。为了不影响市场和让其自发进行，税收制定后也应对市场没有影响和让其自发进行；但是，若市场不能正常运行，"看不见的手"失效，这时资源不能发挥其价值，配置不能达到最优，就会出现一系列的问题，税收应及时调整社会经济条件。可以看出，在现实生活中税收中性是相对的，其目的是尽量减少税收对经济的干预。当营业税和增值税并存时，不能使资源配置在市场中有良好的发挥。考虑税收中性原则，增值税更符合我国国情，可以避免重复征税的状况，减轻企业的税收负担，有利于企业和我国经济的发展。

2.2.3　税负转嫁理论

税负转嫁是指税法上规定的纳税人将自己所缴纳的税款转移给他人负担的过程，即当交换货物时，销售者可以尽量让货物进货价减少、提高货物售价，将税负转嫁给购买者。转嫁有前转、后转、混转等多种形式。"营改增"后，企业缴纳的增值税是前转转嫁形式。前转是纳税人纳税沿着商品流向，转移到消费者或购买者手中。

税负转嫁是税收负担的再分配，经济实质是每个人所占有的国民收入的再分配，是一个客观的经济运动过程。商品经济和自由定价体制的存在是税负转嫁存在的条件：一方面，税负转嫁是在商品交换中通过商品价格的变动实现的，没有商品交换的存在，就不会有税收负担的转嫁，因此，商品经济是税负转嫁的经济前提；另一方面，税负转嫁又是和价格运动联系的，无论哪一种税负转嫁形式都依赖于价格的变动，因此，自由定价制度是税负转嫁存在的基本条件。

第3章 微观层面"营改增"政策对企业竞争力影响的实证分析

3.1 理论分析与假设提出

根据现有的研究,"营改增"政策会对企业产生影响,主要从企业税负、融资约束、研发投入及专业化分工四个方面产生影响。

从企业税负来看,"营改增"政策实施的初衷就是要减少重复征税现象,减轻企业税收负担。首先,对于一般纳税人而言,如果改革前缴纳营业税,改征增值税则会大大降低税基,加之抵扣链条的完整,税负应该会下降;如果改革前缴纳增值税,"营改增"后,纳税人购进的服务等支出可以抵扣进项税额,也会导致税负下降。其次,对于小规模纳税人而言,以前缴纳营业税的纳税人由于税率或税基的减少,改革后税负应下降(王玉兰和李雅坤,2014);以前缴纳增值税的纳税人,改革后能通过与之相关联的原营业税纳税人的税负下降,减少服务费支出的成本,从而间接享受"营改增"的减税效应。

从融资约束来看,"营改增"政策可以从内外两方面缓解企业的融资约束。从内部资金供给角度来看,"营改增"政策实施之后,税改企业与上下游企业之间的抵扣环节被彻底打通,企业投资固定资产、无形资产、外购原材料或接受服务时形成的增值税进项税额不再计入资本品原值,而可以全额抵扣当期的增值税销项税额,从而减少了增值税应纳税款,增加了经营现金流量。固定资产或无形资产投资原值基数的下降意味着企业未来经营各期可供税前扣除的折旧或摊销会下降,经营现金流量会随着折旧或摊销基数的下降而减少。考虑到进项税直接抵扣的税收优惠要大于折旧或摊销的抵税力度,"营改增"政策下企业的总体经营现金流量水平得以上升,进而提高了企业内部资金的供给(万华林等,2012)。从外部资金补充角度来看,"营改增"政策对企业内部资金状况的改善降低了企业自身的风险水平,增强了外部利益相关者对于企业的投资信心,缓解了信息不对称导致的外部融资溢价(罗宏和陈丽霖,2012)。所以,"营改增"政策可以有效改善企业的经营现金流,有助于缓解融资约束。

从企业的研发投入来看,袁从帅和包文馨(2015)及赵连伟(2015)等学者通过理论和实证分析得出了"营改增"有利于企业加大研发投入,提高企业创新能力。一方面,"营改增"试点行业中的研发和技术服务、信息技术服务及文化创意服务等很多行业本身就是技术密集型行业,需要进行大量的研发活动,实行"营改增"之后,技术咨询、技术转让服务及知识产权服务等与技术研发紧密相关的服务都被纳入增值税的征税范围之内,对于试点行业来说,进行研发而发生的相关服务能够产生可以抵扣的进项税额,并且试点过渡政策也规定了试点纳税人提供技术转让、技术开发和与之相关的技术咨询、技术服务可享受免征增值税的优惠政策,这些规定将极大地促进企业自身的研发投入及企业之间的技术交流和流动;另一方面,非试点行业中的高新技术制造业、生物医药制造业、能源新材料行业等较为依赖技术研发,随着"营改增"的试点,也会因为购买与技术研发密切相关的服务而享受到进项税额抵扣带来的好处,进一步促进这些企业的研发投入和科技创新。所以,"营改增"能够促进企业的研发投入,能够对大部分试点企业产生积极影响,尤其是能够对其他较为依赖技术研发的制造业、能源行业等产生有利影响。

从专业化分工来看,在"营改增"之前,如果企业外购服务,服务中包含的营业税是无法抵扣的,那么对外交易次数越多的企业承担的税负就越重,在利益最大化的驱使下,企业为了避免被重复征税就会减少对外交易次数,以获得更多利益,而倾向于"小而全""大而全"的发展模式,从而使服务生产内部化,阻碍了企业专业化分工的发展和向全能组合方向发展。"营改增"之后,与企业生产密切相关的交通运输、研发技术、鉴证咨询等服务所产生的进项税能够抵扣,试点行业与试点行业下游的制造业等行业将形成一条完整的抵扣链条,增值税抵扣链条的打通不会使相同的服务因企业的组织形态和经历的交易次数不同而承担不同的税负。因此,不管是试点行业,还是试点行业下游的制造业等,都会逐渐将服务外包出去,朝着专业化分工方向发展。

企业税负高低及企业融资约束程度会对企业投资行为、企业绩效有很大的影响。钱晓东(2018)证明了"营改增"政策可以有效改善企业的经营现金流,有助于缓解融资约束,进而提高企业的投资效率。向景等(2017)验证了企业所得税有效税负降低可以显著提升利润率、扩大投资、提升销售额增长率;企业流转税税负的降低,有助于企业提升销售额增长率、增加投资规模。宋丽颖等(2017)研究证明企业税负降低之后会通过技术升级提高自身经营质量和效率,从而推动企业整体发展，进而提高企业绩效。

对于企业制度层竞争力，本书主要是从企业规模性（销售收入、净资产及净利润）、企业增长性（近三年销售收入增长率、近三年净利润增长率）及企业效率性（净资产收益率、总资产收益率及全员劳动效率）三个方面来衡量，因此，可以认为企业税负降低和融资约束程度缓解能够提高企业制度层竞争力，企业税负和融资约束程度可以作为"营改增"政策影响企业制度层竞争力的中介变量，即"营改增"政策通过降低企业税负、缓解企业融资约束程度提升企业制度层竞争力。

据此，提出假设 3.1：在其他条件不变的情况下，"营改增"政策会提升企业制度层竞争力。

研发投入及专业化分工是影响企业生产率的主要因素，很多学者已经通过理论及实证分析证明它们之间的关系，如程惠芳和陆嘉俊（2014）、孙晓华和王昀（2014）、易靖韬和蒙双（2016）等学者证明了企业的研发投入会促进企业生产率的提高，李青原和唐建新（2010）则检验了企业的纵向一体化程度与企业生产率之间呈负相关关系，魏娟和邢占文（2008）提出了分工提高效率的观点。因此，可以认为研发投入和专业化分工可以提高企业的全要素生产率，所以研发投入和专业化分工可以作为"营改增"政策影响企业全要素生产率的中介变量。因为本书使用 DEA-Malmquist 指数法测算企业全要素生产率，并用企业的全要素生产率来表示企业产品层竞争力。因此，"营改增"政策通过促进研发投入和专业化分工提升了企业产品层竞争力。

据此，提出假设 3.2：在其他条件不变的情况下，"营改增"政策会提升企业产品层竞争力。

3.2　研究设计与样本选择

3.2.1　模型设定

2012 年中国实施的"营改增"试点是外生于企业行为的政策，是一个准自然实验。这次"试点"并非"一刀切"的政策，而是分时点、分行业逐步推进的。因此，本书参考 Autor（2003）、Bertrand 和 Mullainathan（2003）的方法，构建多时点双重差分模型，将 2012~2016 年加入"营改增"试点的企业作为试点组（实验组），将未实施"营改增"试点的企业视为对照组，基于全行业首先构建如下多时点双重差分模型：

$$Y_{i,t} = \alpha + \beta \text{policy}_{i,t} + \gamma \text{convars}_{i,t} + \delta_t + \varphi_i + \varepsilon_{i,t} \qquad （3.1）$$

其中，企业竞争力 $Y_{i,t}$ 表示被解释变量；$\text{policy}_{i,t}$ 表示公司 i 在第 t 年被纳入"营改增"试点，如果被纳入，取值为 1，否则取值为 0；$\text{convars}_{i,t}$ 表示企业的控制变量，包括公司规模、资产负债率、企业成长性、资本支出比例、固定资产占比及董事会成员的信息等；δ_t 表示年份固定效应；φ_i 表示个体固定效应；$\varepsilon_{i,t}$ 表示随机误差项。模型（3.1）中的变量 $\text{policy}_{i,t}$ 实际上等同单时点双重差分模型中的交互项 $\text{treat} \times \text{post}$，所以"营改增"政策对企业创新的影响就是变量 $\text{policy}_{i,t}$ 的系数 β。另外，由于政策的实施具有滞后性，因此，我们将第 t 年下半年进入"营改增"试点的公司的政策实施年份定义为 $t+1$ 年。

对于 2016 年 5 月实施"营改增"的四个行业，本书构建如下双重差分模型：

$$Y_{i,t} = \beta_0 + \beta_1 \text{treat}_{i,t} \times \text{post}_{i,t} + \beta_2 \text{treat}_{i,t} + \beta_3 \text{post}_{i,t} + \gamma \text{convars}_{i,t} + \delta_{i,t} + \varphi_{i,t} + \varepsilon_{i,t}$$
$$（3.2）$$

其中，$Y_{i,t}$ 表示被解释变量，本书中是指企业制度层竞争力和企业产品层竞争力；核心解释变量是"营改增"政策，包括 treat、post 和 treat×post 这三个虚拟变量，treat 为分组虚拟变量，当样本企业属于"营改增"试点企业则 treat 取值为 1，否则为 0；post 为政策冲击时间虚拟变量，当样本企业在"营改增"试点之后则 post 取值为 1，试点之前取值为 0；treat×post 为 treat 与 post 相乘交互项，其系数则为双重差分估计的"营改增"政策净效应，是本书最主要的关注点。如果"营改增"政策能提升企业竞争力，则 β_1 应显著大于 0。

此外，为了验证企业税负、融资约束程度是否为"营改增"政策对企业制度层竞争力的影响的作用路径，以及研发投入和专业化分工是否为"营改增"政策对企业产品层竞争力影响的作用路径，参照钱晓东（2018）的研究，在模型（3.1）的基础上构建如下中介效应模型进行进一步检验：

$$\text{mech}_{i,t} = \alpha + \beta \text{policy}_{i,t} + \gamma \text{convars}_{i,t} + \delta_{i,t} + \varphi_{i,t} + \varepsilon_{i,t} \qquad （3.3）$$

$$Y_{i,t} = \alpha + \beta \text{mech}_{i,t} + \gamma \text{convars}_{i,t} + \delta_{i,t} + \varphi_{i,t} + \varepsilon_{i,t} \qquad （3.4）$$

$$Y_{i,t} = \alpha + \beta_1 \text{mech}_{i,t} + \beta_2 \text{policy}_{i,t} + \gamma \text{convars}_{i,t} + \delta_{i,t} + \varphi_{i,t} + \varepsilon_{i,t} \qquad （3.5）$$

其中，$Y_{i,t}$ 为因变量，包括企业制度层竞争力（competition）和企业产品层竞争力（tfpch）；变量 mech 代表本书中的四个中介变量：企业税负（ctax）、融资约束程度（kz）、研发投入（lnr&d）及专业化分工（vasi）。模型（3.1）检验"营改增"政策对企业竞争力的影响效应；模型（3.3）检验"营改增"政策对中介变量的影响效应；模型（3.4）检验中介变量对企业竞争力的影响效应。若模型（3.1）中 policy

的系数、模型（3.3）中 policy 的系数、模型（3.4）中 mech 的系数均显著，则将"营改增"政策效应变量 policy 和中介变量 mech 同时对企业竞争力进行回归，即对模型（3.5）进行回归。此时，若模型（3.3）中 policy 的系数和模型（3.5）中 mech 的系数均显著异于 0，说明中介效应成立，即"营改增"政策通过该中介变量提高了企业竞争力。进一步，若模型（3.5）中 policy 的系数不显著，说明存在完全中介效应，即仅此中介变量发挥作用；若模型（3.5）中 policy 的系数显著但绝对值小于模型（3.1）中 policy 的系数，说明存在不完全中介效应，即除了该中介变量发挥作用之外，另有其他合理的作用路径。需要注意的是，若模型（3.3）中 policy 的系数和模型（3.5）中 mech 的系数有任意一个不显著，那么就需要进行 Sobel 检验来判断该中介变量是否存在中介效应。

3.2.2　主要变量的定义及度量

1. 企业制度层竞争力（comp）

本书借鉴金碚（2003）提出的企业竞争力监测体系。该体系主要是基于规模性、增长性及效率性三个方面来衡量企业竞争力。因此，本书选取了规模性指标（销售收入、净资产及净利润）、增长性指标（近三年销售收入增长率、近三年净利润增长率）、效率性指标（净资产收益率、总资产收益率及全员劳动效率）进行因子分析。

首先，利用 KMO 检验和巴特利特球形检验，检验所选的变量是否适合做因子分析。表 3.1 结果显示，KMO 统计量为 0.717 大于 0.5；巴特利特球形检验的卡方值为 79 480.793，自由度为 28，通过显著性检验，适合做因子分析。

表3.1　KMO和巴特利特球形检验结果（一）

KMO 取样适切性量数		0.717
巴特利特球形检验	近似卡方	79 480.793
	自由度	28
	显著性	0.000

其次，进行因子分析，结果如表 3.2 所示，采用主成分法提取了三个公共因子，其中累计方差贡献率 70.406%，说明这三个公共因子反映了原变量的绝大部分信息，具有很强的代表性。

表3.2 旋转后因子分析特征根与方差贡献率（一）

成分	初始特征值			旋转载荷平方和		
	总计	方差百分比	累计百分比	总计	方差百分比	累计百分比
1	2.729	34.117	34.117	2.694	33.669	33.669
2	1.896	23.705	57.822	1.925	24.068	57.738
3	1.007	12.584	70.406	1.013	12.668	70.406
4	0.863	10.783	81.189			
5	0.817	10.213	91.403			
6	0.395	4.932	96.334			
7	0.184	2.306	98.640			
8	0.109	1.360	100.000			

根据表 3.2 各因子的方差贡献率占累计方差贡献率的比重，可以计算各因子的权重 $W_{k,i}$，计算公式为

$$W_{k,i} = \frac{\sigma_{k,i}}{\sum\limits_{i=1}^{4} \sigma_{k,i}} \qquad (3.6)$$

其中，$\sigma_{k,i}$ 为各因子的方差贡献率。根据公共因子的特征值对应的特征向量计算公共因子的负荷，求出载荷矩阵并进行最大方差旋转，分析结果见表 3.3。

表3.3 旋转后的因子载荷矩阵和成分得分系数矩阵（一）

竞争力指标	因子载荷			成分得分		
	1	2	3	1	2	3
净资产	0.962	−0.006	0.010	0.360	−0.032	−0.027
净利润	0.948	−0.014	0.048	0.344	0.031	−0.025
销售收入	0.930	0.113	0.011	0.354	−0.035	0.011
总资产收益率	0.029	0.849	−0.125	−0.010	0.441	−0.119
净资产收益率	0.034	0.783	−0.118	−0.006	0.407	−0.113
近三年净利润增长率	0.021	0.572	0.097	−0.013	0.298	0.099
近三年销售收入增长率	0.007	0.499	0.188	−0.020	0.261	0.190
全员劳动效率	0.044	0.043	0.968	−0.022	0.027	0.957

表 3.3 因子载荷矩阵中的数值反映了各个变量与公共因子之间的相关关系，将各项指标的数值代入表 3.3 的成分得分系数矩阵，可以计算得出企业竞争力的三个主成分因子的具体得分。企业竞争力的综合得分是三个主成分因子分别以其公因子的方差贡献率占总方差贡献率的比率为权重进行加权平均的结果。

根据上述分析结果，企业竞争力的综合得分（F）的公式如下：

$$F = \left(33.669\%F_1 + 24.068\%F_2 + 12.668\%F_3\right)\big/70.406\% \qquad (3.7)$$

此外，考虑到金融业的特殊性，商业银行在金融业中占有很大的地位，因此本书以商业银行为代表来测度"营改增"对金融业企业竞争力的影响。对于商业银行的竞争力，本书借鉴郭翠荣和刘亮（2012）构建的上市商业银行的竞争力评价指标体系，基于数据的可获取性，选取我国 A 股上市的 16 家银行（中国工商银行、中国建设银行、中国银行、中国农业银行、交通银行、南京银行、北京银行、宁波银行、上海浦东发展银行、深圳发展银行、兴业银行、招商银行、华夏银行、中国民生银行、中信银行和中国光大银行）为样本，选取了规模指标（资产总额、营业收入）、营利性指标（平均总资产收益率、平均净资产收益率、成本收入比、基本每股收益）、安全性指标（资本充足率、核心资本充足率、不良贷款率、自有资产率）、流动性指标（贷存款比例、资产负债率）、市场占有能力指标（存款份额、贷款份额、手续费及佣金净收入份额）和发展能力指标（存款增长率、贷款增长率、营业收入增长率、净利润增长率、基本每股收益增长率）进行因子分析。分析过程同上。

表 3.4 结果显示，KMO 统计量为 0.777 大于 0.5；巴特利特球形检验的卡方值为 5 765.141，自由度为 190，通过显著性检验，适合做因子分析。

表3.4　KMO和巴特利特球形检验结果（二）

KMO 取样适切性量数		0.777
巴特利特球形度检验	近似卡方	5 765.141
	自由度	190
	显著性	0.000

由表 3.5 可知，采用主成分法提取了五个公共因子，其中累计方差贡献率 83.242%，说明这五个公共因子反映了原变量的绝大部分信息，具有很强的代表性。将各因子的方差贡献率代入式（3.6），求出各因子的权重。

表3.5　旋转后因子分析特征根与方差贡献率（二）

成分	初始特征值			旋转载荷平方和		
	总计	方差百分比	累计百分比	总计	方差百分比	累计百分比
1	8.174	40.868	40.868	5.609	28.043	28.043
2	3.133	15.664	56.532	3.721	18.607	46.651
3	2.507	12.534	69.066	3.051	15.256	61.906
4	1.544	7.719	76.785	2.213	11.067	72.974
5	1.291	6.457	83.242	2.054	10.268	83.242

续表

成分	初始特征值			旋转载荷平方和		
	总计	方差百分比	累计百分比	总计	方差百分比	累计百分比
6	0.748	3.739	86.981			
7	0.622	3.112	90.093			
8	0.566	2.831	92.924			
9	0.392	1.961	94.885			
10	0.358	1.792	96.677			
11	0.286	1.431	98.108			
12	0.146	0.729	98.836			
13	0.085	0.424	99.260			
14	0.076	0.379	99.639			
15	0.043	0.214	99.854			
16	0.019	0.096	99.950			
17	0.004	0.022	99.971			
18	0.002	0.012	99.983			
19	0.002	0.009	99.992			
20	0.002	0.008	100.000			

根据公共因子的特征值对应的特征向量计算公共因子的负荷，求出载荷矩阵并进行最大方差旋转，分析结果见表 3.6。

表3.6 旋转后的因子载荷矩阵和成分得分系数矩阵（二）

竞争力指标	因子载荷					成分得分				
	1	2	3	4	5	1	2	3	4	5
存款份额	0.963	0.201	0.013	−0.036	−0.109	0.210	−0.071	0.019	−0.010	0.034
资产总额	0.941	0.238	−0.050	−0.038	−0.162	0.194	−0.058	0.004	−0.002	0.009
营业收入	0.941	0.241	0.009	−0.031	−0.183	0.191	−0.053	0.027	0.003	−0.009
贷款份额	0.936	0.261	−0.053	−0.020	−0.148	0.190	−0.041	0.003	0.013	0.018
手续费及佣金净收入份额	0.889	0.285	−0.042	−0.027	−0.256	0.165	−0.031	0.018	0.018	−0.050
基本每股收益	−0.559	−0.017	0.173	0.036	−0.439	−0.185	0.068	0.103	0.043	−0.330
资产负债率	−0.284	−0.859	0.309	0.046	0.126	0.069	−0.324	0.049	−0.150	−0.036
自有资产率	0.298	0.851	−0.315	−0.055	−0.114	−0.062	0.316	−0.052	0.142	0.044

续表

竞争力指标	因子载荷					成分得分				
	1	2	3	4	5	1	2	3	4	5
核心资本充足率	0.364	0.819	0.109	−0.272	0.095	−0.017	0.286	0.082	0.004	0.140
资本充足率	0.289	0.719	0.029	−0.355	−0.049	−0.030	0.218	0.060	−0.059	0.049
成本收入比	−0.035	−0.622	0.034	0.393	0.350	0.106	−0.180	−0.059	0.086	0.155
平均净资产收益率	−0.029	−0.305	0.885	0.040	−0.079	−0.001	0.155	0.318	0.106	−0.127
平均总资产收益率	0.267	0.291	0.795	0.099	−0.169	0.025	−0.081	0.307	−0.045	−0.146
不良贷款率	0.403	0.032	−0.696	−0.193	−0.128	0.100	−0.142	−0.241	−0.110	0.024
贷存款比例	−0.173	0.172	−0.669	0.122	−0.402	−0.108	0.065	−0.197	0.123	−0.190
营业收入增长率	−0.274	−0.177	0.599	−0.012	0.264	−0.024	0.013	0.185	−0.042	0.071
基本每股收益增长率	0.015	−0.211	0.052	0.950	0.035	0.006	0.105	−0.004	0.494	−0.012
净利润增长率	−0.062	−0.261	0.081	0.931	0.066	−0.003	0.093	0.002	0.474	−0.006
存款增长率	−0.295	−0.149	0.300	0.097	0.799	0.013	0.070	0.033	0.019	0.415
贷款增长率	−0.334	−0.069	0.029	0.079	0.783	−0.009	0.092	−0.058	0.029	0.431

根据上述分析结果,商业银行企业竞争力的综合得分(P)的公式如下:

$$P = \left(28.043\%P_1 + 18.607\%P_2 + 15.256\%P_3 + 11.067\%P_4 + 10.268\%P_5\right)/83.242\%$$

（3.8）

2. 企业产品层竞争力（Tfpch）

1）DEA 模型

DEA 模型是一种用来评估各个决策单元（decision making units，DMU）间是否存在有效性的计算方法。DEA 模型在 1978 年由 Charnes、Cooper 和 Rhodes 首次提出，可以对多个样本进行跨时期的研究，适用于评估分析多投入、多产出的决策单元间的效率评价。随着 DEA 模型的发展，以及理论向实际的逐渐趋近，基本的 DEA 模型包括 CCR 模型及在 CCR 模型基础上演变而来的 BCC 模型。

CCR-DEA 模型是以规模报酬不变为假设性前提的最基本的 DEA 模型，基本内容是利用数学线性规划方法建立生产前沿面，分别计算各个决策单元的相对效率，若处在生产前沿面上，则代表该决策单元是有效的，反之，则无效。基于多投入、多产出的研究方向，设定变量为向量。X_j 为投入向量，m 个决策单元（功能相同的实体），联系本书研究对象，则代表省份。$\boldsymbol{Y}_j$ 为产出向量，s 个输出。X_{ij} 为第 j 个决策单元，第 i 个投入要素。Y_{rj} 为第 j 个决策单元，第 r 个投入要素。

$$\boldsymbol{X}_j = \left(X_{1j}, X_{2j}, \cdots, X_{mj} \right)^{\mathrm{T}} > 0 \quad j = 1,2,\cdots,n, \quad X_{ij} > 0, \quad i = 1,2,\cdots,m$$

$$\boldsymbol{Y}_j = \left(Y_{1j}, Y_{2j}, \cdots, Y_{sj} \right)^{\mathrm{T}} > 0 \quad j = 1,2,\cdots,n, \quad Y_{rj} > 0, \quad r = 1,2,\cdots,s$$

$\boldsymbol{v}$ 为投入要素的权重向量，$\boldsymbol{v} = (v_1, v_2, \cdots, v_m)^{\mathrm{T}}$，$\boldsymbol{u}$ 为产出要素的权重向量，$\boldsymbol{u} = (u_1, u_2, \cdots, u_s)^{\mathrm{T}}$。各个决策单元得到相应的产出与投入的比值，该比值即各个决策单元的效率值，一般认为比值越大越好。

$$h_j = \frac{\boldsymbol{u}^{\mathrm{T}} \boldsymbol{Y}_t}{\boldsymbol{v}^{\mathrm{T}} \boldsymbol{X}_j} = \frac{\sum\limits_{r=1}^{s} u_r Y_{rj}}{\sum\limits_{i=1}^{m} v_i X_{ij}}$$

$$h_k = \max \frac{\sum\limits_{r=1}^{s} u_r Y_{rk}}{\sum\limits_{i=1}^{m} v_i X_{ik}}$$

对于每个决策单元，目的是在效率值小于 i 的假设前提下，得到最佳权重值，使得 h_k 的效率值最大。由此可以得出线性规划：

$$\begin{cases} \max \boldsymbol{u}, \boldsymbol{v}(h_k) \\ \text{s.t.} h_j \leqslant 1 \quad j = 1,2,\cdots,n \\ \boldsymbol{u}, \boldsymbol{v} \geqslant 1 \end{cases}$$

因为 $\boldsymbol{u}$、$\boldsymbol{v}$ 作为该线性回归的解存在无数个值，通过 Charnes-Cooper 变换，等价变换为

$$\begin{cases} \max \boldsymbol{u}, \boldsymbol{v}(h_k) \\ \text{s.t.} \dfrac{\sum\limits_{r=1}^{s} \boldsymbol{u}_r Y_{rk}}{\sum\limits_{i=1}^{m} v_i X_{ik}} \leqslant 1 \\ \text{s.t.} \sum\limits_{i=1}^{m} v_i X_{ik} = 1 \\ \boldsymbol{u}_r, v_i > 0 \end{cases}$$

根据线性规划的对偶原理，可以将上式转换为

$$
\begin{cases}
\min \theta \\
\text{s.t.} \displaystyle\sum_{k=1}^{n} \lambda_k X_k \leqslant \theta X_p \quad k=1,2,\cdots,n \\
\text{s.t.} \displaystyle\sum_{k=1}^{n} \lambda_k X_k \geqslant Y_p \\
\lambda_k \geqslant 0
\end{cases}
$$

该模型即 CCR 模型，这里的 λ 是一个向量，θ 为一个标量，即规模报酬不变时的综合效率，当第 p 个决策单元的产出不变时，为了实现整个系统中的最优效率所需要的投入。CCR 模型中的 DMU_0 经济有效性是指，当产出 Y_0 不变，评价是否可以将投入量 X_0 的各个分量按照同一个比例 θ 而使得产出不变。如果可以，说明 DMU_0 是非有效状态；反之，则说明 DMU_0 处于有效状态。由于有 m 个决策单元，需要计算 m 次线性规划，每个决策单元求解出一个 θ 值。

BCC-DEA 模型。规模报酬不变是 CCR 模型不可或缺的前提条件，但是规模报酬不变与实际经济存在巨大差距，过于苛刻，而且容易将模型的技术效率和规模效率混淆。为了解决规模报酬不变这一前提条件带来的弊端，Banker、Charnes 和 Cooper 在 1984 年建立了可变规模报酬的 BCC 模型，并且可以进一步将技术效率分解为纯技术效率和规模效率。

$$
\begin{cases}
\min \theta \\
\text{s.t.} \displaystyle\sum_{k=1}^{n} \lambda_k X_k \leqslant \theta X_p \quad k=1,2,\cdots,n \\
\text{s.t.} \displaystyle\sum_{k=1}^{n} \lambda_k X_k \geqslant Y_p \\
\text{s.t.} \displaystyle\sum_{k=1}^{n} \lambda_k = 1 \\
\lambda_k \geqslant 0
\end{cases}
$$

CCR 模型和 BCC 模型最大的区别在于规模报酬的可变性，基于规模报酬不变前提条件的 CCR 模型只能测算技术效率，而可变规模报酬的 BCC 模型可以进一步分解出技术效率和规模效率。分别用两种模型测算同一组样本数据，若得出不同结果则证明该决策单元非规模效率，两者效率结果的比值则为规模效率。研究中，因为两种模型都是用来计算两者距离的，而这种距离是用来构建 Malmquist 指数的，所以选择不同模型实际上对 DEA-Malmquist 指数法没有实质影响，但为了更贴合现实经济情况，本书选择 BCC 模型。

2）Malmquist 指数

CCR 模型和 BCC 模型均用来测度静态的效率，所以存在只适合于横向比较决策单元的效率的弊端，随着研究的深入，经济学家发现由 Malmquist 在 1953 年提出的 Malmquist 指数可以完善这一不足之处。Malmquist 指数前期是用 Shepherd 在 1970 年提出的距离函数来定义的，后由 Fare 等在 1994 年首次将其与 DEA 相结合运用。由此可见，Malmquist 指数的模型计算方法以 DEA 模型为基础。首先，距离函数公式为

$$D_0(X,Y) = \min\left\{\psi : (Y/\psi) \in P(X)\right\}$$

其中，$P(X)$ 为生产可能集，是效率指标；(X,Y) 为某个时期的投入和产出，若它在 $P(X)$ 内，则 Y 小于 1；若在生产可能的边界上，则等于 1；反之，大于 1，表示时期 $t+1$ 的距离函数。将第 t 期、第 $t+1$ 期的 Malmquist 指数定义为

$$M_0^t(X_{t+1}, Y_{t+1}, X_t, Y_t) = \frac{D_0^t(X_{t+1}, Y_{t+1})}{D_0^{t+1}(X_t, Y_t)}$$

$$M_0^{t+1}(X_{t+1}, Y_{t+1}, X_t, Y_t) = \frac{D_0^{t+1}(X_{t+1}, Y_{t+1})}{D_0^{t+1}(X_t, Y_t)}$$

在费雪的理想指数下，Caves 等通过计算两个时期 Malmquist 指数的平均值，得到 Malmquist 指数定义式如下，它表示时期 t 到时期 $t+1$ 的生产率变化。

$$M_0(X_{t+1}, Y_{t+1}, X_t, Y_t) = \left[\frac{D_0^t(X_{t+1}, Y_{t+1})}{D_0^t(X_t, Y_t)} \cdot \frac{D_0^{t+1}(X_{t+1}, Y_{t+1})}{D_0^{t+1}(X_t, Y_t)}\right]^{1/2}$$

将上式进行分解，则得到：

$$M_0(X_{t+1}, Y_{t+1}, X_t, Y_t) = \frac{D_0^{t+1}(X_{t+1}, Y_{t+1})}{D_0^t(X_t, Y_t)} \cdot \left[\frac{D_0^t(X_{t+1}, Y_{t+1})}{D_0^{t+1}(X_{t+1}, Y_{t+1})} \cdot \frac{D_0^t(X_t, Y_t)}{D_0^{t+1}(X_t, Y_t)}\right]^{1/2}$$

$$= \text{Techch} \times \text{Effeh}$$

技术进步是指从第 t 期到第 $t+1$ 期这段时间内技术进步对全要素生产率的影响。技术效率是指从第 t 期到第 $t+1$ 期这段时间内对生产前沿的追赶程度。

$M_0(X_{t+1}, Y_{t+1}, X_t, Y_t) > 1$，则 Tfpch 从第 t 期到第 $t+1$ 期是增长的；

$M_0(X_{t+1}, Y_{t+1}, X_t, Y_t) < 1$，则 Tfpch 从第 t 期到第 $t+1$ 期是降低的；

$M_0(X_{t+1}, Y_{t+1}, X_t, Y_t) = 1$，则 Tfpch 从第 t 期到第 $t+1$ 期是不变的。

1994 年，Fare 等取消规模报酬不变的假设条件，将技术效率变化进一步分解为纯技术效率变化指数和规模效率变化指数。为了区分开规模报酬不变，不变规模下距离函数为 $D_0(X_t Y_t | C)$，可变规模下距离函数为 $D_0(X_t Y_t / V)$，则技术效率可以分解为纯技术效率和规模效率的乘积。

$$\text{Effch} = \frac{D_0^{t+1}(X_{t+1}Y_{t+1} \mid C)}{D_0^t(X_tY_t \mid C)}$$

$$= \left[\frac{D_0^{t+1}(X_{t+1}Y_{t+1} \mid C) / D_0^{t+1}(X_{t+1}Y_{t+1} \mid V)}{D_0^t(X_tY_t \mid C) / D_0^t(X_tY_t / V)} \cdot \frac{D_0^{t+1}(X_{t+1}Y_{t+1} \mid V)}{D_0^t(X_tY_t / V)} \right]^{1/2}$$

$$= \text{Pech} \times \text{Sech}$$

即以可变规模报酬为前提条件，规模效率是指从第 t 期到第 $t+1$ 期规模对全要素生产率的影响，衡量决策单元是否处在最优的生产状态，即平均成本曲线的最低点。纯技术效率是指从第 t 期到第 $t+1$ 期剔除规模因素，技术效率对全要素生产率的影响。

综上所述，$M_0(X_{t+1}, Y_{t+1}, X_t, Y_t) = \text{Techch} \times \text{Pech} \times \text{Sech}$，即全要素生产率等于技术进步、规模效率和纯技术效率的乘积。这样对全要素生产率进行分解有利于探究其动力源泉。基于这一特性，国内外学者把 DEA-Malmquist 指数法作为全要素生产率定量分析的重要工具。

本书使用 DEAP 2.1 软件计算 Malmquist 指数及其分解因素，选择规模报酬可变，基于投入导向型 DEA 模型，输入 A 股上市公司 2009~2019 年 11 年的投入指标（总资产、总成本）、产出指标（营业收入、净利润）等数据完成计算过程，将得到的 Malmquist 指数再转换成全要素生产率，最后得到 2010~2019 年 10 年的全要素生产率指数及分解后的技术进步指数和技术效率指数，技术效率指数又进一步分为纯技术效率指数和规模效率指数。

3. "营改增"政策（policy）

参考陈钊和王旸（2016）的做法，根据财政部、国家税务总局实施的财税〔2013〕37 号、财税〔2013〕106 号、财税〔2014〕43 号和财税〔2016〕36 号政策文件，确定"营改增"涉及的行业关键词，再通过上市公司财务报表附注披露的企业经营范围进行文本分析。经营范围包括"3+7"行业和建筑业、房地产业、生活服务业、金融业的企业均被视为"营改增"试点企业，即实验组，经营范围不包括以上行业的企业被视为对照组。考虑到政策的实施具有一定的滞后性，因此我们将后半年纳入试点的企业的政策实施年份推迟一年，如果某家企业被纳入"营改增"试点，Policy 取值为 1，否则为 0。

4. 企业税负（ctax）

现有上市公司年报中缺少企业流转税的统计，因此本书借鉴李远慧和罗颖（2017）的方法，用现金流量表中支付的各项税费扣除收到的税费返还，再扣除测算的企业所得税近似替代企业流转税。企业流转税税负=企业缴纳的流转税/营业收入。

5. 融资约束程度（kz）

融资约束的研究在国内外都有相对丰富的研究成果，但是对其衡量方法却存在着争议。本书对融资约束的测度，主要是在邓可斌和曾海舰（2014）总结融资约束测度方法的基础上，结合本书的研究内容，选择了较为合适的测度方法。邓可斌和曾海舰（2014）总结了三种融资约束测度方法，即投资–现金流敏感度指标、KZ 指数和 WW 指数。第一种测度方法投资–现金流敏感度指标，是由 Fazzari 等（1988）提出的，该方法适用于企业耗尽内部资金同时从外部获取融资困难的情况。第二种是 Kaplan 和 Zingales 于 1997 年基于系列财务指标综合加权设计的 KZ 指数，该指数在一定程度上反映了企业面临财务困境下的融资困难。第三种方法是 WW 指数，该方法能够反映在市场信息不对称的情况下，企业融资的难易程度会给企业带来经营活动上的不可分散风险。本书采用的是 KZ 指数来衡量企业的融资约束程度。具体的测度融资约束程度的方法，借鉴了 Kaplan 和 Zingales（1997）的做法，具体公式如下：

$$K = -1.002\text{cashflow} + 0.283\text{TQ} + 3.139\text{lev} - 39.36\text{dividends} - 1.315\text{cashholding} \tag{3.9}$$

其中，cashflow 为企业的现金流水平，定义为企业现金流量与滞后一期固定资产的比值；TQ 为企业托宾 Q 值；lev 为企业资产负债率，定义同上文；dividends 为企业的现金股利水平，定义为企业现金股利与滞后一期固定资产的比值；cashholding 为企业的现金持有水平，定义为企业现金和现金等价物持有量与滞后一期固定资产的比值。KZ 指数的值越大，说明企业的融资约束程度越高。

6. 专业化分工（VASI）

参考范子英和彭飞（2017）的方法，将纵向一体化作为专业化分工的逆向指标，纵向一体化的衡量主要采用 Buzzell（1983）提出的修正的价值增值法（VASI），同时将 Adelman（1955）提出的价值增值法（VASII）和 Gort（1962）提出的主辅分离程度（mainincome）作为稳健性检验指标，VASII 等于增加值与销售额之比，主辅分离程度则用主营业务收入与营业收入的比值度量。VASI 在 VASII 的基础上将每个企业的增加值和销售额减去净利润，再加上 "正常" 利润，以消除或至少最小化它与营利能力之间的重复关系，VASI 的表达式如下：

$$\text{VASI} = \frac{\text{增加值} - \text{净利润} + \text{净资产} \times \text{平均净资产收益率}}{\text{销售额} - \text{净利润} + \text{净资产} \times \text{平均净资产收益率}} \times 100\% \tag{3.10}$$

其中，增加值等于销售额与销售成本之差，净资产等于总资产与总负债之差。为剔除纵向产业链以外其他业务的影响，本书选择样本企业的主营业务收入表示销售额，选择主营业务成本表示销售成本，平均净收益率则采用样本企业的净资产收益率的平均值这一指标。纵向一体化指标 VASI 和 VASII 的值越小，主辅分离程度的值越大，说明企业的专业化分工程度越高。

此外，参考 Claessens 等（2002）、Yermack（1996）及王桂军和曹平（2018）的研究，本书从公司治理层、财务状况、财务成果及宏观经济等方面选取了一系列控制变量，具体包括企业规模、企业负债水平、资产收益率、企业年龄、现金持有、企业成长性、资本支出比例、董事会规模、董事长与总经理兼任、董事会独立性等。主要变量及定义如表 3.7 所示。

表3.7　主要变量及定义

变量类型	变量名称	符号	变量解释
被解释变量	制度层竞争力	comp	企业竞争力综合得分 F
	产品层竞争力	tfpch	全要素生产率
		techch	技术进步
		effch	技术效率
		pech	纯技术效率
		sech	规模效率
解释变量	"营改增"政策	policy	如果某家企业被纳入"营改增"试点，policy 取值为 1，否则为 0
中介变量	企业税负	ctax	企业流转税负=企业缴纳的流转税/营业收入
	融资约束程度	kz	基于系列财务指标综合加权设计的 KZ 指数
	研发投入	lnr&d	研发支出取自然对数
	专业化分工	VASI	依据公式计算得出
控制变量	企业规模	size	公司期末总资产的自然对数
	企业负债水平	lev	负债总额/资产总额
	资产收益率	roa	资产收益率=净利润/平均资产总额
	企业年龄	age	企业年龄=（观测年度−公司成立年度+1）的对数
	现金持有	cash	现金/期末资本总额
	企业成长性	growth	营业收入增长率
	资本支出比例	capex	购建固定资产、无形资产和其他长期资产所支付的现金总额/资产总额
	董事会规模	boardsize	董事会人数取自然对数
	董事长与总经理兼任	duality	同一人，取 1；非同一人，取 0
	董事会独立性	lndep	独立董事人数占董事会人数比例

3.2.3　样本选择

本书选取 2010~2019 年的 A 股上市公司作为初始研究样本，此外，本书对数据做了以下处理：①删除数据存在缺失值的公司；②删除*ST 公司[①]；③删除资不抵债的公司；④删除 2010 年以后上市的公司；⑤对所有连续性变量在 1%水平上进行了缩尾处理，以消除离群值对估计结果的影响。本书上市公司的经营范围和主要财务数据分别来源于 Wind 数据库和 CSMAR 数据库，宏观经济数据来源于《中国统计年鉴》。本书所使用的数据处理工具为 STATA 15.1、SPSS 23.0。

3.3　实证结果与分析

3.3.1　"营改增" 政策对全行业企业竞争力影响的实证分析

1. 描述性统计

表 3.8 为变量描述性统计。在全样本组中，企业制度层竞争力均值为−0.008 75，最小值为−1.162，最大值 1.643，标准差为 0.368，说明我国企业制度层竞争力偏低，而且不同企业之间的竞争力也存在较大差异；通过使用 DEA-Malmquist 指数法测算的产品层竞争力均值为 609.0，最小值为 134，最大值高达 1 239，说明我国企业产品层竞争力存在很大差异；资本支出比例的均值为 0.049 4，标准差为 0.046 4，说明我国企业整体资本支出比例较小，企业之间的差异较小。其他指标，如企业规模均值为 22.31、企业年龄均值为 1.588、企业负债水平均值为 0.428 等都在正常的范围内。在实验组和对照组的样本中，实验组的制度层竞争力均值为−0.005 15，大于对照组的制度层竞争力均值−0.023 1。然而实验组的产品层竞争力均值为 604.8，小于对照组的产品层竞争力均值 625.9。其他指标，如企业规模、企业负债水平、现金持有、资本支出比例等两组均值相差不大。

---

① *ST 公司：被实行 "退市风险警示" 的公司。

表3.8 变量描述性统计（一）

分组	变量	观测值	均值	标准差	最小值	最大值
全样本	comp	19 390	−0.008 75	0.368	−1.162	1.643
	tfpch	19 390	609.0	163.1	134	1 239
	size	19 390	22.31	1.405	19.89	27.41
	lev	19 390	0.428	0.211	0.046 3	0.921
	roa	19 390	0.041 9	0.052 6	−0.165	0.209
	age	19 390	1.588	0.730	0.699	3.332
	cash	19 390	0.192	0.144	0.017 4	0.707
	growth	19 390	0.385	0.561	−0.828	2.709
	capex	19 390	0.049 4	0.046 4	0.000 250	0.222
	boardsize	19 390	1.204	0.531	0.699	2.565
	duality	19 390	0.242	0.427	0	1
	lndep	19 390	0.494	0.085 6	0.333	0.681
实验组	comp	15 495	−0.005 15	0.364	−1.162	1.643
	tfpch	15 495	604.8	135.3	134	1 239
	size	15 495	22.31	1.435	19.89	27.41
	lev	15 495	0.426	0.214	0.046 3	0.921
	roa	15 495	0.042 0	0.051 8	−0.165	0.209
	age	15 495	1.275	0.377	0.699	3.332
	cash	15 495	0.197	0.146	0.017 4	0.707
	growth	15 495	0.200	0.446	−0.828	2.709
	capex	15 495	0.048 1	0.046 4	0.000 250	0.222
	boardsize	15 495	0.962	0.227	0.699	2.565
	duality	15 495	0.247	0.430	0	1
	lndep	15 495	0.525	0.060 2	0.333	0.681
对照组	comp	3 895	−0.023 1	0.383	−1.162	1.643
	tfpch	3 895	625.9	243.5	134	1 239
	size	3 895	22.31	1.279	19.89	27.41
	lev	3 895	0.437	0.197	0.046 3	0.921
	roa	3 895	0.041 2	0.055 7	−0.165	0.209
	age	3 895	2.831	0.388	0.699	3.332
	cash	3 895	0.175	0.132	0.017 4	0.707
	growth	3 895	1.120	0.313	0	2.709
	capex	3 895	0.054 4	0.046 0	0.000 250	0.222
	boardsize	3 895	2.169	0.188	1.099	2.565
	duality	3 895	0.221	0.415	0	1
	lndep	3 895	0.371	0.053 7	0.333	0.667

2. "营改增"政策对全行业企业竞争力的影响

1）"营改增"政策对企业制度层竞争力的影响

表3.9 报告了"营改增"政策对企业制度层竞争力影响的回归结果。第（1）

列为没有加入控制变量、时间固定效应及行业固定效应的回归结果，第（1）列"营改增"政策系数在 1%的水平上显著为正；第（2）列在加入控制变量后，"营改增"政策系数在 1%水平上显著为负；第（3）列在加入时间固定效应和行业固定效应后，"营改增"政策系数为 0.036 5，且在 1%水平上显著；第（4）列同时加入控制变量、时间固定效应及行业固定效应后，"营改增"政策系数为 0.047 6，且在 1%的水平上显著，说明"营改增"政策显著提高了企业的制度层竞争力。此外，企业规模系数在 1%的水平上显著为正，说明企业规模与企业制度层竞争力正相关，即企业规模越大，企业制度层竞争力越强。

表3.9　"营改增"政策对企业制度层竞争力的影响

变量	comp			
	（1）	（2）	（3）	（4）
policy	0.013 7***	−0.028 0***	0.036 5***	0.047 6***
	（0.005 27）	（0.005 58）	（0.007 52）	（0.007 91）
size		0.155***		0.176***
		（0.003 04）		（0.003 20）
lev		−0.388***		−0.506***
		（0.016 8）		（0.017 2）
age		−0.128***		0.013 5
		（0.009 02）		（0.009 19）
cash		0.170***		0.124***
		（0.018 4）		（0.019 1）
growth		0.153***		0.165***
		（0.007 20）		（0.007 32）
capex		0.072 2		0.175***
		（0.048 3）		（0.049 1）
boardsize		0.079 0***		−0.116***
		（0.013 5）		（0.013 4）
duality		−0.012 4**		−0.007 53
		（0.005 19）		（0.005 10）
lndep		0.337***		0.114***
		（0.045 4）		（0.043 9）
年份	Yes	Yes	Yes	Yes
行业	Yes	Yes	Yes	Yes
常数项	−0.015 9***	−3.447***	0.090 8***	−3.686***
	（0.003 67）	（0.065 6）	（0.014 5）	（0.071 4）
N	19 390	19 390	19 390	19 390
R^2	0.000	0.289	0.056	0.344

** $p < 0.05$，*** $p < 0.01$

注：括号中为标准误

2）"营改增"政策对企业产品层竞争力的影响

表 3.10 第（1）列报告了"营改增"政策对企业产品层竞争力影响的回归结

果。"营改增"政策的系数为 13.19，且在 1%的水平上显著，说明"营改增"政策显著提升了企业产品层竞争力。进一步使用 DEA-Malmquist 指数法对全要素生产率进行分解，得到分解后的技术效率和技术进步，然后再将技术效率分解得到纯技术效率和规模效率，将全要素生产率分解后的技术效率、技术进步、纯技术效率及规模效率四个指标作为被解释变量，代入模型中，并对时间固定效应、行业固定效应进行了控制，回归结果见表 3.10 中第（2）列到第（5）列。在第（2）列中，技术效率作为被解释变量，"营改增"政策的系数在 5%的水平上显著为正，说明"营改增"政策的实施提高了企业的技术效率，即"营改增"政策促进了企业全要素生产效率中技术效率的提高；在第（3）列中，技术进步作为被解释变量，"营改增"政策的系数在 1%的水平上显著为正，说明在"营改增"政策实施之后，会促进企业技术进步；在第（4）列中，纯技术效率作为被解释变量，"营改增"政策的系数在 1%的水平上显著为正，说明"营改增"政策会提高企业的纯技术效率，即在"营改增"政策实施后的企业的管理水平得到了明显的提高；在第（5）列中，规模效率作为被解释变量，"营改增"政策的系数在 1%的水平上显著为正，说明企业在"营改增"政策实施之后，提高了规模效率，即在"营改增"政策实施后企业的规模得到了明显的改善。综合上述的 4 个回归结果可知，"营改增"政策会促进企业技术进步，提高技术效率，进而提高企业产品层竞争力。

表3.10　"营改增"政策对企业产品层竞争力的影响

变量	（1） tfpch	（2） effch	（3） techch	（4） pech	（5） sech
policy	13.19*** （5.089）	0.017 2** （0.007 00）	29.60*** （2.074）	0.017 7*** （0.006 21）	0.035 6*** （0.004 78）
size	0.044 9 （1.293）	0.002 34 （0.001 84）	−1.086* （0.591）	−0.001 57 （0.001 60）	0.005 39*** （0.001 35）
lev	−6.660 （8.889）	−0.005 86 （0.012 4）	7.000* （4.073）	0.001 52 （0.011 0）	0.003 44 （0.008 67）
age	20.67*** （5.723）	0.057 3*** （0.009 32）	−1.875 （2.622）	0.054 2*** （0.008 57）	0.029 8*** （0.007 28）
cash	−37.61*** （10.28）	−0.320*** （0.019 0）	−56.72*** （5.245）	−0.318*** （0.017 8）	−0.336*** （0.015 3）
growth	−23.62*** （4.016）	0.119*** （0.008 15）	−7.272*** （1.768）	0.104*** （0.007 90）	0.150*** （0.007 16）
capex	−96.29*** （28.02）	−0.143*** （0.047 5）	−71.35*** （15.12）	−0.156*** （0.043 6）	−0.120*** （0.036 1）
boardsize	12.89* （7.790）	−0.116*** （0.012 9）	22.08*** （3.586）	−0.108*** （0.012 0）	−0.108*** （0.010 2）
duality	−2.202 （2.801）	−0.026 6*** （0.004 64）	0.224 （1.471）	−0.026 7*** （0.004 28）	−0.024 1*** （0.003 48）
lndep	−3.504 （22.67）	0.114*** （0.034 0）	−4.545 （11.42）	0.113*** （0.031 6）	0.126*** （0.025 2）

续表

变量	（1）	（2）	（3）	（4）	（5）
	tfpch	effch	techch	pech	sech
年份	Yes	Yes	Yes	Yes	Yes
行业	Yes	Yes	Yes	Yes	Yes
常数项	615.4***	0.873***	372.1***	0.937***	0.779***
	（28.57）	（0.042 0）	（13.73）	（0.037 7）	（0.031 1）
N	19 390	19 390	19 390	19 390	19 390
R^2	0.020	0.151	0.294	0.145	0.249

* $p < 0.1$，** $p < 0.05$，*** $p < 0.01$

注：括号中为标准误

3. "营改增" 政策对企业竞争力的影响：作用路径分析

1）"营改增" 政策对企业制度层竞争力的影响

为了验证企业税负和融资约束程度是不是 "营改增" 政策提升企业制度层竞争力的作用路径，依据模型（3.1）、模型（3.3）~模型（3.5），分别进行回归，回归结果如表 3.11 和表 3.12 所示。

表3.11　"营改增" 政策对企业制度层竞争力的影响：企业税负视角

变量	（1）	（2）	（3）	（4）
	comp	ctax	comp	comp
policy	0.047 6***	−0.000 822		0.046 8***
	（0.007 91）	（0.001 29）		（0.007 94）
ctax			−0.083 1	−0.081 7
			（0.052 8）	（0.052 8）
size	0.176***	0.002 45***	0.177***	0.176***
	（0.003 20）	（0.000 347）	（0.003 21）	（0.003 21）
lev	−0.506***	−0.043 2***	−0.511***	−0.510***
	（0.017 2）	（0.002 35）	（0.017 3）	（0.017 3）
age	0.013 5	0.008 10***	0.006 77	0.017 0*
	（0.009 19）	（0.001 41）	（0.009 10）	（0.009 23）
cash	0.124***	0.000 314	0.122***	0.125***
	（0.019 1）	（0.003 06）	（0.019 1）	（0.019 1）
growth	0.165***	−0.004 94***	0.165***	0.165***
	（0.007 32）	（0.000 841）	（0.007 34）	（0.007 34）
capex	0.175***	−0.075 1***	0.166***	0.165***
	（0.049 1）	（0.007 72）	（0.049 5）	（0.049 5）
boardsize	−0.116***	0.003 41*	−0.126***	−0.117***
	（0.013 4）	（0.001 99）	（0.013 4）	（0.013 4）
duality	−0.007 53	−0.002 95***	−0.007 53	−0.007 09
	（0.005 10）	（0.000 780）	（0.005 12）	（0.005 11）
lndep	0.114***	0.028 1***	0.116***	0.119***
	（0.043 9）	（0.006 37）	（0.044 0）	（0.044 0）

续表

变量	（1）	（2）	（3）	（4）
	comp	ctax	comp	comp
年份	Yes	Yes	Yes	Yes
行业	Yes	Yes	Yes	Yes
常数项	−3.686***	−0.022 8***	−3.663***	−3.689***
	（0.071 4）	（0.008 18）	（0.071 6）	（0.071 7）
N	19 390	19 311	19 311	19 311
R^2	0.344	0.181	0.343	0.344

* $p < 0.1$, *** $p < 0.01$

注：括号中为标准误

表3.12　"营改增"政策对企业制度层竞争力的影响：融资约束视角

变量	（1）	（2）	（3）	（4）
	comp	kz	comp	comp
policy	0.047 6***	−0.161		0.036 9***
	（0.007 91）	（0.378）		（0.008 17）
kz			−0.001 02***	−0.001 02***
			（0.000 254）	（0.000 253）
size	0.176***	−0.394***	0.180***	0.180***
	（0.003 20）	（0.080 0）	（0.003 30）	（0.003 30）
lev	−0.506***	1.048*	−0.531***	−0.531***
	（0.017 2）	（0.552）	（0.017 7）	（0.017 6）
age	0.013 5	0.597*	0.006 87	0.014 8
	（0.009 19）	（0.316）	（0.009 49）	（0.009 62）
cash	0.124***	−26.47***	0.137***	0.138***
	（0.019 1）	（1.067）	（0.021 5）	（0.021 5）
growth	0.165***	−6.706***	0.158***	0.160***
	（0.007 32）	（0.494）	（0.008 67）	（0.008 69）
capex	0.175***	24.05***	0.176***	0.173***
	（0.049 1）	（1.730）	（0.051 6）	（0.051 6）
boardsize	−0.116***	4.764***	−0.128***	−0.120***
	（0.013 4）	（0.512）	（0.014 3）	（0.014 3）
duality	−0.007 53	0.087 2	−0.005 68	−0.005 45
	（0.005 10）	（0.204）	（0.005 38）	（0.005 37）
lndep	0.114***	0.214	0.098 5**	0.101**
	（0.043 9）	（1.534）	（0.045 4）	（0.045 4）
年份	Yes	Yes	Yes	Yes
行业	Yes	Yes	Yes	Yes
常数项	−3.686***	6.634***	−3.708***	−3.729***
	（0.071 4）	（1.823）	（0.073 5）	（0.073 5）
N	19 390	18 209	18 209	18 209
R^2	0.344	0.304	0.346	0.347

* $p < 0.1$, ** $p < 0.05$, *** $p < 0.01$

注：括号中为标准误

表 3.11 回归结果是基于企业税负视角,第(2)列中"营改增"政策系数为负,但不显著。这说明"营改增"政策对企业税负没有明显的影响。第(3)列中企业税负的系数为负,表明企业税负与企业竞争力呈反向关系,但是不显著。因此,企业税负不是"营改增"政策提升企业制度层竞争力的作用路径。

表 3.12 是基于融资约束视角考察"营改增"政策对企业制度层竞争力的影响。由表 3.12 可知,第(2)列中"营改增"政策系数为负,即"营改增"政策缓解了企业融资约束,但是不显著。第(4)列中融资约束程度的系数显著为负,因此,接下来进行 sobel 检验,sobel 的 p 值为 5.070×10^{-10} 小于 0.05,则融资约束程度为"营改增"政策对企业制度层竞争力影响的作用路径。

2)"营改增"政策对企业产品层竞争力的影响

同理,为了验证研发投入和专业化分工是不是"营改增"政策提升企业产品层竞争力的作用路径,依据模型(3.1)、模型(3.3)~模型(3.5),分别进行回归,回归结果如表 3.13 和表 3.14 所示。

表3.13 "营改增"政策对企业产品层竞争力的影响:研发投入视角

变量	(1) tfpch	(2) lnr&d	(3) tfpch	(4) tfpch
policy	13.19*** (5.089)	0.030 7 (0.040 5)		12.84** (5.872)
lnr&d			1.295 (1.377)	1.274 (1.376)
size	0.044 9 (1.293)	0.795*** (0.011 0)	−1.969 (1.814)	−2.078 (1.815)
lev	−6.660 (8.889)	−0.358*** (0.065 6)	−6.007 (10.06)	−5.992 (10.06)
age	20.67*** (5.723)	−0.357*** (0.039 5)	14.90** (6.584)	18.02*** (6.625)
cash	−37.61*** (10.28)	0.257*** (0.073 4)	−35.62*** (11.46)	−35.16*** (11.44)
growth	−23.62*** (4.016)	0.009 65 (0.022 7)	−25.45*** (4.538)	−25.11*** (4.536)
capex	−96.29*** (28.02)	1.262*** (0.218)	−66.93** (31.65)	−67.89** (31.66)
boardsize	12.89* (7.790)	0.166*** (0.056 8)	15.33* (8.931)	18.60** (9.174)
duality	−2.202 (2.801)	0.066 4*** (0.018 7)	−2.826 (2.914)	−2.703 (2.911)
lndep	−3.504 (22.67)	−0.352* (0.190)	−3.295 (26.06)	−3.119 (26.04)
年份	Yes	Yes	Yes	Yes
行业	Yes	Yes	Yes	Yes
常数项	615.4*** (28.57)	−2.302*** (0.284)	626.1*** (32.72)	620.2*** (32.69)

续表

变量	（1）	（2）	（3）	（4）
	tfpch	lnr&d	tfpch	tfpch
N	19 390	14 165	14 165	14 165
R^2	0.020	0.512	0.019	0.019

* $p < 0.1$，** $p < 0.05$，*** $p < 0.01$
注：括号中为标准误

表3.14　"营改增"政策对企业产品层竞争力的影响：专业化分工视角

变量	（1）	（2）	（3）	（4）
	tfpch	VASI	tfpch	tfpch
policy	13.19*** （5.089）	0.002 41 （0.004 10）		13.30*** （5.087）
VASI			−44.02*** （8.618）	−44.12*** （8.612）
size	0.044 9 （1.293）	0.005 41*** （0.001 25）	0.360 （1.295）	0.284 （1.295）
lev	−6.660 （8.889）	−0.247*** （0.008 85）	−17.60* （9.261）	−17.57* （9.259）
age	20.67*** （5.723）	−0.019 4*** （0.004 53）	16.89*** （5.668）	19.81*** （5.726）
cash	−37.61*** （10.28）	0.053 4*** （0.008 25）	−36.34*** （10.33）	−35.25*** （10.30）
growth	−23.62*** （4.016）	0.022 3*** （0.002 35）	−22.83*** （4.042）	−22.64*** （4.035）
capex	−96.29*** （28.02）	0.145*** （0.024 6）	−89.35*** （28.08）	−89.89*** （28.07）
boardsize	12.89* （7.790）	0.001 23 （0.006 73）	10.22 （7.667）	12.94* （7.789）
duality	−2.202 （2.801）	0.014 4*** （0.002 46）	−1.676 （2.802）	−1.568 （2.801）
lndep	−3.504 （22.67）	−0.029 9 （0.021 6）	−5.549 （22.67）	−4.825 （22.65）
年份	Yes	Yes	Yes	Yes
行业	Yes	Yes	Yes	Yes
常数项	615.4*** （28.57）	0.915*** （0.028 4）	662.9*** （29.06）	655.8*** （29.14）
N	19 390	19 390	19 390	19 390
R^2	0.020	0.153	0.022	0.022

* $p < 0.1$，*** $p < 0.01$
注：括号中为标准误

表 3.13 的回归结果是基于研发投入视角，第（2）列中"营改增"政策系数为正，即"营改增"政策与研发投入正相关，但是不显著。第（3）列中研发投入

的系数也不显著。因此，研发投入不是"营改增"政策提升企业产品层竞争力的作用路径。

表 3.14 是基于专业化分工视角考察"营改增"政策对企业产品层竞争力的影响。由表 3.14 可知，第（2）列中"营改增"政策系数不显著。第（4）列中专业化分工的系数显著为负，即专业化分工程度越高，企业产品层竞争力越强。接下来进行 sobel 检验，sobel 的 p 值为 0.03 小于 0.05，因此，专业化分工是"营改增"政策对企业产品层竞争力影响的作用路径。

4."营改增"政策对企业竞争力的影响：异质性分析

1）企业所有制类型

我国民营企业面临融资难、融资贵的局面，重税负更加重了民营企业的融资困境，从而削弱了企业的竞争力。为了深入考察所有制类型对"营改增"政策的企业竞争力效应的影响，本书按照企业所有制属性，将全部样本划分为国有企业和非国有企业两个子样本。表 3.15 和表 3.16 前两列分别报告了基于所有制类型下，"营改增"政策对企业制度层竞争力和产品层竞争力的回归结果。

表3.15　"营改增"政策与企业制度层竞争力：异质性分析

变量	企业制度层竞争力					
	所有制类型		规模		法制环境	
	国有	非国有	大型	中小型	优	劣
policy	0.024 5[*]	0.045 2[***]	0.020 7	0.039 7[***]	0.039 9[***]	0.025 1
	（0.013 7）	（0.009 95）	（0.014 4）	（0.008 89）	（0.009 56）	（0.018 0）
size	0.197[***]	0.157[***]	0.251[***]	0.102[***]	0.185[***]	0.138[***]
	（0.005 10）	（0.004 08）	（0.005 53）	（0.004 41）	（0.003 67）	（0.005 85）
lev	−0.545[***]	−0.474[***]	−0.747[***]	−0.320[***]	−0.459[***]	−0.570[***]
	（0.032 3）	（0.020 7）	（0.031 3）	（0.019 3）	（0.019 7）	（0.034 5）
age	0.009 85	0.066 0[***]	0.014 9	0.055 8[***]	0.032 0[***]	0.076 1[***]
	（0.023 6）	（0.011 4）	（0.019 8）	（0.011 1）	（0.011 3）	（0.021 6）
cash	0.186[***]	0.114[***]	0.317[***]	0.078 9[***]	0.117[***]	0.179[***]
	（0.040 9）	（0.022 4）	（0.046 2）	（0.020 2）	（0.021 5）	（0.041 1）
growth	0.147[***]	0.176[***]	0.167[***]	0.190[***]	0.163[***]	0.189[***]
	（0.016 9）	（0.008 47）	（0.013 7）	（0.008 76）	（0.008 76）	（0.014 7）
capex	0.174	0.177[***]	0.056 6	0.226[***]	0.106[*]	0.379[***]
	（0.108）	（0.054 3）	（0.095 8）	（0.052 6）	（0.057 2）	（0.094 6）
boardsize	0.090 5[***]	0.024 0	−0.056 4	0.014 8	−0.024 1	−0.014 0
	（0.034 0）	（0.028 5）	（0.035 3）	（0.025 1）	（0.025 9）	（0.038 2）
duality	−0.022 8[*]	−0.006 10	0.019 6[*]	0.020 3[***]	0.001 62	0.029 5[***]
	（0.012 8）	（0.005 62）	（0.010 7）	（0.005 40）	（0.005 80）	（0.011 2）
lndep	−0.167[**]	0.167[***]	−0.034 3	0.021 4	0.074 4	0.205[**]
	（0.074 8）	（0.054 7）	（0.070 2）	（0.051 2）	（0.051 3）	（0.085 2）
年份	Yes	Yes	Yes	Yes	Yes	Yes
行业	Yes	Yes	Yes	Yes	Yes	Yes

续表

变量	企业制度层竞争力					
	所有制类型		规模		法制环境	
	国有	非国有	大型	中小型	优	劣
常数项	−3.901*** (0.114)	−3.283*** (0.093 8)	−5.253*** (0.125)	−1.990*** (0.101)	−3.861*** (0.084 2)	−2.862*** (0.135)
N	5 993	13 397	7 928	11 462	14 719	4 671
R^2	0.425	0.291	0.400	0.182	0.368	0.324

* $p < 0.1$, ** $p < 0.05$, *** $p < 0.01$
注：括号中为标准误

表3.16　"营改增"政策与企业产品层竞争力：异质性分析

变量	企业产品层竞争力					
	所有制类型		规模		法制环境	
	国有	非国有	大型	中小型	优	劣
policy	12.47 (8.698)	10.16 (6.363)	3.573 (8.349)	21.27*** (6.642)	18.69*** (6.098)	−8.347 (13.63)
size	−0.371 (2.124)	−0.197 (1.693)	0.422 (1.966)	0.846 (2.684)	0.389 (1.453)	0.140 (2.807)
lev	2.131 (17.53)	−8.053 (10.79)	−9.127 (14.11)	−6.226 (11.93)	−2.101 (10.24)	−16.04 (18.59)
age	7.520 (12.60)	16.31** (7.318)	7.627 (9.983)	21.27*** (7.844)	17.15** (6.749)	18.00 (15.21)
cash	−13.94 (23.63)	−41.29*** (11.80)	0.616 (20.74)	−49.31*** (12.58)	−40.51*** (11.66)	−30.99 (22.22)
growth	−28.21*** (10.04)	−24.79*** (4.538)	−19.27*** (7.131)	−29.36*** (4.992)	−28.07*** (4.725)	−13.71 (8.473)
capex	−122.8** (61.91)	−83.03*** (31.36)	−85.53* (47.93)	−97.99*** (34.82)	−83.04*** (31.40)	−142.7** (60.84)
boardsize	−14.91 (24.00)	11.13 (15.91)	7.471 (20.05)	−4.635 (18.43)	−2.911 (15.19)	18.34 (28.19)
duality	1.748 (8.903)	−2.320 (2.973)	2.027 (5.199)	−4.450 (3.389)	0.166 (3.102)	−13.56* (7.172)
lndep	37.43 (43.58)	−22.38 (27.84)	24.65 (33.93)	−21.38 (32.92)	10.35 (25.97)	−29.75 (51.92)
年份	Yes	Yes	Yes	Yes	Yes	Yes
行业	Yes	Yes	Yes	Yes	Yes	Yes
常数项	595.3*** (50.04)	621.6*** (37.42)	597.4*** (45.22)	602.8*** (59.85)	588.3*** (33.12)	651.3*** (65.06)
N	5 993	13 397	7 928	11 462	14 719	4 671
R^2	0.025	0.020	0.021	0.024	0.022	0.025

* $p < 0.1$, ** $p < 0.05$, *** $p < 0.01$
注：括号中为标准误

对于企业制度层竞争力，由表 3.15 可知，在非国有企业中，"营改增"政策的系数为 0.045 2，且在 1%的水平上显著为正，然而，在国有企业中，"营改增"政策的系数为 0.024 5，且仅在 10%的水平上显著。这说明"营改增"政策实施后，显著提升了民营企业的竞争力。可能的原因在于，"营改增"政策实施后，民营企业通过进项税额抵扣避免了重复征税问题，加上政策实施增加了对企业未来减税的预期，导致民营企业可用资金增多，企业投资水平提高，从而对企业竞争力的提升更加明显；国有企业本身就具有先天的资金优势，融资比较容易，因而"营改增"的税收政策对国有企业竞争力的提升小于对民营企业竞争力的提升。

对于企业产品层竞争力，由表 3.16 可知，"营改增"政策系数无论是在国有企业中，还是在民营企业中，均不显著。综上，"营改增"政策对企业制度层竞争力的影响在民营企业中更为显著。"营改增"政策对企业产品层竞争力的影响与企业所有制类型没有显著关系。

2）企业规模

不同规模的企业，其政策效果存在较大差异。从融资约束角度来看，由于金融市场的不完善和信息不对称的存在，贷款者很难判断中小型企业创新项目的质量，并且对中小型企业创新项目进行监督的成本更高，这使得中小型企业更难从银行获得信贷资金（张璇等，2017）。另外，相对于大型企业，由于研发中投入的固定成本较高，中小型企业进行研发面临的风险更大，处于劣势地位。为了验证企业规模对"营改增"的创新效应的影响，本书将总样本按照企业规模的中位数划分为大型企业和中小型企业。

表 3.15 和表 3.16 的第 3 列、第 4 列报告了不同规模企业下"营改增"政策对企业制度层竞争力和企业产品层竞争力的估计结果。在中小型企业的回归中，"营改增"政策的系数均在 1%的水平上显著为正，这表明"营改增"政策显著提升了中小型企业的制度层竞争力及产品层竞争力。然而，在大型企业的回归结果中，"营改增"政策的系数不显著，说明"营改增"政策对大型企业竞争力影响较小，验证了预期。

综上，"营改增"政策对企业制度层竞争力和产品层竞争力的影响在中小型企业中更为显著。

3）企业法制环境

法制环境是国家政策实施的重要因素，良好的法制环境能够为该地区的企业提供更好的保护，提高当地法律执行的效率，从而有助于国家政策的实施。当前我国正处在市场化进程加快及经济转型升级的过程中，不同地域之间的法制环境呈现出差异性和多样性，相应地，企业所处的不同地区之间法制环境呈现出明显的差异。因此，法制环境可能会导致"营改增"政策的效果不同。本书主要依据王小鲁等（2017）《中国分省企业经营环境指数 2017 年报告》的企业经营环境指数，当企业所在的环境指数大于中位数时，定义为法制环境优，否则，为法制环境劣。依据上述分组进行回归。

回归结果如表 3.15 和表 3.16 最后两列所示，"营改增"政策的系数在法制环境较好的地区显著为正，而在法制环境落后的地区，并不显著。这表明，在法制完善的地区，"营改增"政策的实施对企业竞争力的提升效果更强。可能的原因为，在法制完善的地区，税收征管机制更加完善，有助于"营改增"政策的顺利实施，也有利于"营改增"制度红利的释放。另外，随着"营改增"政策的深入实施，企业减税的预期得以扩大，在外部法制环境越好的地区，投资者的保护就越有效，从而提高了企业的竞争力。

综上，"营改增"政策对企业制度层竞争力和产品层竞争力的影响在法制环境好的地区更为显著。

3.3.2 "营改增"政策对建筑业企业竞争力的实证分析

1. 描述性统计

表 3.17 为主要变量的描述性统计。从全样本来看，企业制度层竞争力最小值为−1.154，最大值为 3.325，均值为 0.025 1，说明企业制度层竞争力偏低，且有很大的差异；企业产品层竞争力标准差高达 217.9，说明企业之间产品层竞争力差异很大；企业资产负债率的均值为 0.463，在合理范围内。对比实验组与对照组，发现实验组企业制度层竞争力高于对照组，可能是由于"营改增"政策的影响。二者之间企业规模、资产收益率、现金持有等没有明显差异。但是实验组的资产负债率的均值为 0.670 明显高于对照组，符合实验组为建筑业的特点。

表3.17　变量描述性统计（二）

分组	变量	观测值	均值	标准差	最小值	最大值
全样本	comp	4 387	0.025 1	0.528	−1.154	3.325
	tfpch	4 387	516.7	217.9	39	1 099
	size	4 387	22.44	1.374	19.98	27.27
	lev	4 387	0.463	0.206	0.057 2	0.877
	roa	4 387	0.039 8	0.053 5	−0.165	0.204
	age	4 387	2.646	0.642	0.845	3.434
	cash	4 387	0.175	0.127	0.015 1	0.624
	growth	4 387	1.025	0.457	−0.040 5	3.273

续表

分组	变量	观测值	均值	标准差	最小值	最大值
全样本	capex	4 387	0.051 2	0.045 4	0.000 870	0.219
	boardsize	4 387	2.031	0.436	0.845	2.708
	duality	4 387	0.212	0.409	0	1
	lndep	4 387	0.391	0.079 1	0.333	0.675
实验组	comp	498	0.262	0.765	−1.154	3.325
	tfpch	498	495.5	95.11	39	1 014
	size	498	23.47	1.654	19.98	27.27
	lev	498	0.670	0.155	0.092 8	0.877
	roa	498	0.029 2	0.031 4	−0.165	0.154
	age	498	1.184	0.182	0.845	1.556
	cash	498	0.178	0.109	0.015 1	0.624
	growth	498	0.231	0.394	−0.040 5	3.273
	capex	498	0.026 0	0.030 8	0.000 870	0.219
	boardsize	498	0.928	0.064 6	0.845	1.176
	duality	498	0.145	0.352	0	1
	lndep	498	0.550	0.062 5	0.345	0.675
对照组	comp	3 889	−0.005 34	0.481	−1.154	3.325
	tfpch	3 889	519.5	228.8	39	1 099
	size	3 889	22.31	1.276	19.98	27.27
	lev	3 889	0.437	0.197	0.057 2	0.877
	roa	3 889	0.041 2	0.055 6	−0.165	0.204
	age	3 889	2.833	0.391	0.845	3.434
	cash	3 889	0.174	0.130	0.015 1	0.624
	growth	3 889	1.127	0.352	0	3.273
	capex	3 889	0.054 4	0.045 9	0.000 870	0.219
	boardsize	3 889	2.172	0.197	1.099	2.708
	duality	3 889	0.221	0.415	0	1
	lndep	3 889	0.371	0.053 7	0.333	0.667

2. "营改增"政策对建筑业企业竞争力的影响

表 3.18 第（1）列为"营改增"政策对企业制度层竞争力影响的回归结果，交互项系数 treat × post 不显著，说明"营改增"政策对建筑业企业制度层竞争力没有明显的影响。企业规模的系数和资产收益率的系数显著为正，表明企业规模和资产收益率与企业制度层竞争力正相关。资产负债率的系数显著为负，表明企业资产负债率与企业制度层竞争力负相关。第（2）列为"营改增"政策对企业产

品层竞争力影响的回归结果，交互项系数即"营改增"政策系数不显著，表明"营改增"政策对建筑业企业产品层竞争力没有明显影响。综上，"营改增"政策对建筑业企业竞争力没有明显影响。

表3.18　"营改增"政策对建筑业企业竞争力的影响

变量	(1)	(2)	(3)	(4)	(5)	(6)
	comp	tfpch	effch	techch	pech	sech
treat × post	0.032 0	12.37	−0.054 5**	75.04***	−0.016 5	0.003 99
	(0.050 0)	(11.83)	(0.022 0)	(9.021)	(0.019 4)	(0.016 1)
treat	−0.079 3	−11.21	0.128*	−20.52	0.103*	0.133***
	(0.059 3)	(41.03)	(0.068 4)	(13.96)	(0.058 3)	(0.043 3)
post	−0.086 5***	−47.64**	0.336***	−191.3***	0.202***	0.230***
	(0.027 6)	(18.88)	(0.033 1)	(6.107)	(0.025 1)	(0.021 2)
size	0.225***	1.469	0.005 42	−1.104	0.002 91	0.001 74
	(0.011 7)	(3.374)	(0.004 98)	(1.263)	(0.003 99)	(0.002 97)
lev	−0.276***	11.18	0.062 6	8.492	0.057 7*	0.062 7**
	(0.045 8)	(24.50)	(0.039 0)	(8.622)	(0.032 8)	(0.024 4)
roa	4.266***	157.9**	−0.064 6	−3.499	−0.149	−0.169**
	(0.116)	(78.18)	(0.123)	(26.25)	(0.105)	(0.075 6)
age	−0.042 2***	25.48***	0.102***	6.868**	0.086 7***	0.075 2***
	(0.012 0)	(9.440)	(0.016 6)	(3.332)	(0.014 8)	(0.013 2)
growth	0.005 51	−20.22**	0.080 6***	2.031	0.078 2***	0.109***
	(0.015 4)	(9.667)	(0.022 8)	(3.950)	(0.020 8)	(0.019 8)
capex	−0.064 3	−9.103	0.121	−12.89	0.112	0.094 9
	(0.115)	(81.48)	(0.128)	(29.79)	(0.109)	(0.084 4)
boardsize	−0.052 3	−5.563	−0.025 4	2.923	−0.031 9	−0.003 28
	(0.046 0)	(22.00)	(0.032 4)	(7.518)	(0.027 0)	(0.018 9)
duality	0.001 41	1.557	−0.016 9	−3.244	−0.019 8*	−0.015 2*
	(0.013 3)	(8.002)	(0.013 1)	(2.909)	(0.011 1)	(0.008 90)
lndep	0.331***	−40.24	−0.061 2	8.679	−0.038 1	0.042 9
	(0.128)	(69.86)	(0.098 3)	(25.49)	(0.084 3)	(0.063 0)
年份	Yes	Yes	Yes	Yes	Yes	Yes
行业	Yes	Yes	Yes	Yes	Yes	Yes
常数项	−4.898***	494.4***	0.510***	356.6***	0.556***	0.557***
	(0.248)	(90.10)	(0.144)	(31.03)	(0.119)	(0.087 8)
N	4 387	4 387	4 387	4 387	4 387	4 387
R^2	0.538	0.022	0.143	0.510	0.100	0.177

* $p<0.1$，** $p<0.05$，*** $p<0.01$
注：括号中为标准误

进一步使用 DEA-Malmquist 指数法对全要素生产率进行分解，将全要素生产率分解后的技术效率、技术进步、纯技术效率及规模效率四个指标作为被解释变量，代入模型（3.2）中，并对时间固定效应、行业固定效应进行了控制，回归结果见表 3.18 中第（3）列到第（6）列。第（3）列 treat × post 的系数显著为负，说明"营改增"政策显著降低了建筑业企业的技术效率。第（4）列中交互项系数显著为正，表明"营改增"政策促进了企业技术进步。

由于"营改增"政策对建筑业企业的竞争力没有明显影响，接下来，分别将企业税负、融资约束程度、研发投入及专业化分工作为被解释变量，探究"营改增"政策对这四项是否有影响。回归结果见表 3.19。

表3.19 "营改增"政策对建筑业企业的影响

变量	（1） ctax	（2） kz	（3） lnr&d	（4） VASI
treat × post	0.007 76***	−0.135	0.063 5	−0.002 85
	（0.002 85）	（0.577）	（0.140）	（0.014 0）
treat	0.048 0***	−6.741***	1.725***	0.026 0
	（0.007 16）	（0.725）	（0.257）	（0.036 5）
post	−0.018 1***	0.502*	0.701***	0.019 3
	（0.003 53）	（0.286）	（0.141）	（0.012 6）
size	0.002 68***	−0.058 9	0.791***	0.003 44
	（0.000 662）	（0.047 9）	（0.026 4）	（0.002 83）
lev	−0.052 8***	3.577***	−0.099 1	−0.241***
	（0.005 55）	（0.380）	（0.162）	（0.021 7）
roa	0.122***	−6.690***	2.933***	0.207***
	（0.018 4）	（1.135）	（0.465）	（0.066 2）
age	0.018 6***	0.051 5	−0.260***	−0.004 07
	（0.002 11）	（0.169）	（0.060 4）	（0.008 01）
growth	−0.005 46***	−2.751***	−0.076 0	0.022 5***
	（0.001 98）	（0.344）	（0.065 9）	（0.006 12）
capex	−0.093 1***	13.32***	3.248***	0.048 9
	（0.017 7）	（1.125）	（0.537）	（0.063 9）
boardsize	0.013 0***	0.079 3	0.399***	−0.017 9
	（0.004 52）	（0.309）	（0.146）	（0.019 0）
duality	−0.002 10	−0.383**	0.169***	0.016 8**
	（0.001 75）	（0.149）	（0.049 8）	（0.006 73）
lndep	0.071 1***	−0.573	−0.374	−0.110**
	（0.014 6）	（1.101）	（0.451）	（0.055 2）
年份	Yes	Yes	Yes	Yes
行业	Yes	Yes	Yes	Yes
常数项	−0.116***	3.174***	−1.951***	0.947***
	（0.017 0）	（1.192）	（0.657）	（0.078 9）
N	4 329	4 123	3 052	4 387
R^2	0.213	0.245	0.496	0.105

*$p < 0.1$，**$p < 0.05$，***$p < 0.01$
注：括号中为标准误

表 3.19 第（1）列为"营改增"政策对建筑业企业税负的影响的回归结果。结果表明，"营改增"政策的系数在 1%水平上显著为正，说明"营改增"政策使

得建筑业企业的税负增加，并没有达到减税降负的目的。第（2）列为"营改增"政策对企业融资约束的影响，"营改增"政策系数为负，但是不显著。第（3）列为"营改增"政策对研发投入的影响，交互项系数为正，不显著。第（4）列为"营改增"政策对企业专业化分工的影响，企业纵向一体化作为企业专业化分工的逆向指标，如果"营改增"政策对建筑业企业的专业化分工已经产生促进作用，则第（4）列中的"营改增"政策的系数应显著为负，但实际回归结果中的系数均没有通过显著性检验，说明"营改增"政策在总体上并没有显著提高建筑业企业的专业化分工程度。

3.3.3 "营改增"政策对房地产业企业竞争力的实证分析

1. 描述性统计

表 3.20 列示了变量的描述性统计结果，从全样本来看，企业制度层竞争力均值为 0.026 7，最小值为−1.112，最大值为 2.682，说明企业的制度层竞争力偏低，且不同企业间的差异较大。企业产品层竞争力标准差高达 224.9，表明不同企业间产品层竞争力也有很大的差异，企业的资产负债率均值为 0.480，在合理的范围内。对比分析实验组和对照组样本，实验组企业的制度层竞争力高于对照组企业的制度层竞争力，实验组企业的产品层竞争力小于对照组企业的产品层竞争力。实验组企业的资产负债率均值为 0.642，远远高于对照组企业的资产负债率均值 0.437，因为实验组企业均属于房地产业，房地产业的资产负债率一般都比较高。

表3.20 变量描述性统计（三）

分组	变量	观测值	均值	标准差	最小值	最大值
全样本	comp	4 925	0.026 7	0.456	−1.112	2.682
	tfpch	4 925	534.3	224.9	45	1 146
	size	4 925	22.52	1.358	19.97	26.71
	lev	4 925	0.480	0.209	0.058 9	0.891
	roa	4 925	0.039 3	0.051 4	−0.155	0.200
	age	4 925	2.531	0.700	1.114	3.434
	cash	4 925	0.168	0.123	0.015 1	0.615
	growth	4 925	0.945	0.531	−0.143	3.521

续表

分组	变量	观测值	均值	标准差	最小值	最大值
全样本	capex	4 925	0.045 1	0.045 9	7.9×10^{-5}	0.211
	boardsize	4 925	1.920	0.531	0.778	2.708
	duality	4 925	0.207	0.405	0	1
	lndep	4 925	0.404	0.084 6	0.333	0.646
实验组	comp	1 036	0.167	0.481	−1.112	2.682
	tfpch	1 036	521.6	189.9	45	1 146
	size	1 036	23.32	1.403	19.97	26.71
	lev	1 036	0.642	0.168	0.058 9	0.891
	roa	1 036	0.031 8	0.033 3	−0.152	0.200
	age	1 036	1.397	0.362	1.114	3.401
	cash	1 036	0.146	0.095 9	0.015 1	0.615
	growth	1 036	0.251	0.469	−0.143	3.521
	capex	1 036	0.010 7	0.026 3	7.9×10^{-5}	0.211
	boardsize	1 036	0.974	0.248	0.778	2.708
	duality	1 036	0.153	0.360	0	1
	lndep	1 036	0.528	0.060 9	0.333	0.646
对照组	comp	3 889	−0.010 8	0.442	−1.112	2.682
	tfpch	3 889	537.8	233.2	45	1 146
	size	3 889	22.31	1.263	19.97	26.71
	lev	3 889	0.437	0.197	0.058 9	0.891
	roa	3 889	0.041 3	0.055 0	−0.155	0.200
	age	3 889	2.833	0.390	1.114	3.434
	cash	3 889	0.174	0.129	0.015 1	0.615
	growth	3 889	1.130	0.369	0	3.521
	capex	3 889	0.054 3	0.045 6	7.9×10^{-5}	0.211
	boardsize	3 889	2.172	0.197	1.099	2.708
	duality	3 889	0.221	0.415	0	1
	lndep	3 889	0.371	0.053 5	0.333	0.646

2. "营改增"政策对房地产业企业竞争力的影响

"营改增"政策对房地产业企业竞争力影响的回归结果如表 3.21 所示。第（1）列为"营改增"政策对企业制度层竞争力的影响的回归结果，"营改增"政策的系数为 0.007 55 大于 0，但是不显著，表明"营改增"政策对房地产业企业制度层竞争力没有影响。第（2）列为"营改增"政策对房地产业企业产品层竞争力的影响的回归结果，"营改增"政策的系数为 28.69，且在 5% 的水平上显著，表明"营改增"政策显著提高了房地产业企业产品层竞争力。综上，"营改增"政策显著提升了房地产业企业产品层竞争力，但是对房地产业企业制度层竞争力没有明显影响。

表3.21　"营改增"政策对房地产业企业竞争力的影响

变量	（1）comp	（2）tfpch	（3）effch	（4）techch	（5）pech	（6）sech
treat × post	0.007 55 (0.025 2)	28.69** (14.49)	−0.079 3*** (0.023 0)	67.82*** (6.030)	−0.052 9*** (0.016 9)	−0.038 0*** (0.012 1)
treat	0.064 8 (0.039 8)	−6.783 (38.19)	0.102* (0.060 8)	−20.45* (11.61)	0.068 4 (0.045 4)	0.087 9*** (0.032 8)
post	−0.055 8** (0.022 7)	−44.76** (18.43)	0.325*** (0.032 8)	−185.5*** (5.998)	0.182*** (0.023 5)	0.213*** (0.019 8)
size	0.164*** (0.008 24)	−1.399 (3.583)	0.000 980 (0.005 67)	−0.440 (1.244)	0.002 91 (0.003 95)	0.002 27 (0.003 21)
lev	−0.096 8*** (0.036 8)	29.74 (24.58)	0.059 1 (0.039 3)	5.336 (8.290)	0.041 2 (0.030 0)	0.050 1** (0.022 2)
roa	4.592*** (0.099 0)	304.2*** (81.09)	0.124 (0.130)	−0.542 (26.76)	−0.051 8 (0.101)	−0.103 (0.072 4)
age	−0.006 80 (0.010 0)	26.56*** (9.214)	0.090 3*** (0.016 0)	8.488*** (3.164)	0.075 2*** (0.013 8)	0.064 6*** (0.012 2)
growth	0.030 0* (0.017 1)	−23.56** (9.229)	0.035 3* (0.020 0)	−0.246 (3.568)	0.035 1** (0.017 4)	0.068 7*** (0.015 9)
capex	−0.202** (0.102)	−22.79 (84.42)	0.162 (0.132)	−40.31 (28.81)	0.145 (0.105)	0.097 1 (0.086 0)
boardsize	−0.001 48 (0.031 9)	8.588 (19.43)	−0.033 2 (0.030 3)	0.226 (6.607)	−0.048 4** (0.022 5)	−0.027 4 (0.017 2)
duality	0.012 9 (0.012 0)	5.753 (7.833)	−0.015 0 (0.012 7)	−3.417 (2.831)	−0.016 5 (0.010 5)	−0.017 2** (0.008 16)
lndep	0.162* (0.097 6)	−14.23 (67.74)	−0.040 1 (0.093 3)	25.90 (24.73)	−0.017 3 (0.077 6)	0.044 9 (0.055 9)
年份	Yes	Yes	Yes	Yes	Yes	Yes
行业	Yes	Yes	Yes	Yes	Yes	Yes
常数项	−3.850*** (0.183)	518.8*** (90.33)	0.699*** (0.144)	344.6*** (30.05)	0.680*** (0.106)	0.678*** (0.078 3)
N	4 925	4 925	4 925	4 925	4 925	4 925
R^2	0.538	0.021	0.114	0.489	0.079	0.143

* $p < 0.1$, ** $p < 0.05$, *** $p < 0.01$

注：括号中为标准误

　　进一步，使用 DEA-Malmquist 指数法对全要素生产率即企业产品层竞争力进行分解，将全要素生产率分解后的技术效率、技术进步、纯技术效率及规模效率四个指标作为被解释变量，代入模型（3.2）中进行回归，表 3.21 的第（3）列到第（6）列报告了分解后的回归结果。第（3）列中"营改增"政策的系数在 1% 的水平上显著为负，表明"营改增"政策降低了房地产业企业的技术效率。第（4）列中"营改增"政策的系数为 67.82，且显著为正，表明"营改增"政策促进了房地产业企业的技术进步。第（5）列和第（6）列的交互项系数均显著为负，即"营改增"政策实施后，房地产业企业的管理水平降低。

　　由于"营改增"政策对房地产业企业制度层竞争力没有明显影响，因此，接下来分析"营改增"政策是否会对房地产业企业税负及融资约束程度产生影响。回归结果见表 3.22。表 3.22 的第（1）列为"营改增"政策对房地产业企业税负影响的回归结果，结果显示，"营改增"政策的系数显著为正，表明"营改增"政策提高了房地产业企业的税负，没有实现"营改增"政策的初衷，确保所有行业税负"只增不减"。表 3.22 的第（2）列为"营改增"政策对企业融资约束程度的影响，交互项系数为-2.145，但是不显著，表明"营改增"政策没有有效缓解房地产业企业的融资约束。

表3.22　　"营改增"政策对房地产业企业税负和融资约束程度的影响

变量	（1） ctax	（2） kz
treat × post	0.009 53* （0.004 89）	−2.145 （4.457）
treat	0.095 3*** （0.009 17）	−30.83*** （5.041）
post	−0.012 4*** （0.003 93）	4.862** （2.399）
size	0.003 76*** （0.000 857）	0.498 （0.439）
lev	−0.048 6*** （0.006 18）	−4.938 （3.333）
roa	0.097 6*** （0.021 2）	−50.26*** （11.33）
age	0.013 9*** （0.002 48）	2.311*** （0.852）
growth	−0.005 78*** （0.002 06）	−9.892*** （2.748）
capex	−0.115*** （0.020 6）	57.74*** （7.729）
boardsize	0.000 901 （0.005 40）	4.606* （2.439）
duality	−0.004 67** （0.001 91）	2.556*** （0.950）
lndep	0.068 1*** （0.016 7）	−15.34 （9.752）

续表

变量	（1）	（2）
	ctax	kz
年份	Yes	Yes
行业	Yes	Yes
常数项	-0.102^{***}	-12.84
	（0.020 1）	（11.89）
N	4 861	4 650
R^2	0.269	0.203

$* p < 0.1$，$** p < 0.05$，$*** p < 0.01$

注：括号中为标准误

3. "营改增" 政策与房地产业企业产品层竞争力：基于作用路径的检验

1）研发投入影响路径的中介效应检验

检验结果见表 3.23，其中，第（2）列 "营改增" 政策系数、第（3）列研发投入系数均不显著，说明研发投入不是 "营改增" 政策对房地产业企业产品层竞争力的作用路径。

表3.23　房地产业企业研发投入为中介变量的检验结果

变量	（1）	（2）	（3）	（4）
	tfpch	lnr&d	tfpch	tfpch
treat × post	28.69^{**}	-0.396		38.98
	（14.49）	（0.253）		（28.21）
lnr&d			-0.530	-0.378
			（3.733）	（3.758）
size	-1.399	0.627^{***}	0.452	0.164
	（3.583）	（0.028 3）	（5.257）	（5.312）
lev	29.74	0.216	18.09	18.15
	（24.58）	（0.171）	（32.07）	（32.04）
roa	304.2^{***}	2.804^{***}	138.0	137.0
	（81.09）	（0.492）	（98.71）	（98.56）
age	26.56^{***}	$-0.096\,4$	21.31^{*}	21.46^{*}
	（9.214）	（0.070 1）	（11.32）	（11.32）
growth	-23.56^{**}	$0.018\,1$	-25.90^{**}	-25.43^{*}
	（9.229）	（0.077 8）	（13.04）	（13.09）
capex	-22.79	4.068^{***}	44.34	35.84
	（84.42）	（0.580）	（108.2）	（108.0）
boardsize	8.588	0.570^{***}	-12.88	-13.97
	（19.43）	（0.141）	（25.50）	（25.61）
duality	5.753	0.194^{***}	1.886	1.222
	（7.833）	（0.053 3）	（9.596）	（9.650）
lndep	-14.23	-0.530	-64.97	-62.76
	（67.74）	（0.482）	（92.95）	（92.98）

续表

变量	（1）	（2）	（3）	（4）
	tfpch	lnr&d	tfpch	tfpch
年份	Yes	Yes	Yes	Yes
行业	Yes	Yes	Yes	Yes
常数项	518.8***	0.487	543.2***	549.6***
	（90.33）	（0.693）	（125.2）	（126.2）
N	4 925	2 854	2 854	2 854
R^2	0.021	0.391	0.019	0.019

* $p < 0.1$，** $p < 0.05$，*** $p < 0.01$

注：括号中为标准误

2）专业化分工影响路径的中介效应检验

检验结果见表 3.24，其中，第（2）列"营改增"政策的系数显著为负，而企业纵向一体化（VASI）是企业专业化分工的逆向指标，因此，"营改增"政策显著提高了房地产业企业专业化分工程度。第（3）列 VASI 的系数显著为负，表明专业化分工程度与房地产业企业产品层竞争力正相关。第（4）列中企业纵向一体化（VASI）的系数显著为负，"营改增"政策的系数显著为正，但是第（4）列中"营改增"政策的系数为 27.63 小于第（1）列"营改增"政策的系数，因此，专业化分工存在部分中介效应。这说明了"营改增"政策促进了企业专业化分工，鼓励企业将主辅业务相分离，集中资源发展主营业务进而增强企业产品层竞争力。

表3.24　房地产业企业专业化分工为中介变量的检验结果

变量	（1）	（2）	（3）	（4）
	tfpch	VASI	tfpch	tfpch
treat × post	28.69**	−0.017 6**		27.63*
	（14.49）	（0.008 62）		（14.48）
treat	−6.783	0.107***		0.034 0
	（38.19）	（0.028 9）		（38.68）
post	−44.76**	0.012 5		−44.02**
	（18.43）	（0.011 5）		（18.43）
VASI			−49.63**	−48.93**
			（21.85）	（21.84）
size	−1.399	0.006 49**	−0.900	−1.045
	（3.583）	（0.002 63）	（3.583）	（3.586）
lev	29.74	−0.213***	18.83	18.68
	（24.58）	（0.019 3）	（24.99）	（24.97）
roa	304.2***	0.250***	316.1***	315.1***
	（81.09）	（0.061 3）	（81.74）	（81.60）
age	26.56***	−0.006 59	24.99***	26.72***
	（9.214）	（0.007 44）	（9.297）	（9.379）

续表

变量	（1）	（2）	（3）	（4）
	tfpch	VASI	tfpch	tfpch
growth	−23.56**	0.018 1***	−22.87**	−22.43**
	（9.229）	（0.005 10）	（9.270）	（9.281）
capex	−22.79	0.013 1	−8.961	−21.88
	（84.42）	（0.061 7）	（84.31）	（84.40）
boardsize	8.588	−0.015 2	9.143	8.076
	（19.43）	（0.014 3）	（19.40）	（19.46）
duality	5.753	0.011 4*	7.006	6.322
	（7.833）	（0.005 88）	（7.813）	（7.838）
lndep	−14.23	−0.051 4	−19.10	−17.28
	（67.74）	（0.047 2）	（67.74）	（67.78）
年份	Yes	Yes	Yes	Yes
行业	Yes	Yes	Yes	Yes
常数项	518.8***	0.860***	555.0***	558.3***
	（90.33）	（0.068 7）	（92.73）	（92.82）
N	4 925	4 919	4 919	4 919
R^2	0.021	0.128	0.022	0.023

$* p < 0.1$，$** p < 0.05$，$*** p < 0.01$

注：括号中为标准误

4. "营改增"政策与房地产业企业产品层竞争力：异质性分析

依据企业的所有制类型、规模、法制环境将样本分组，表 3.25 报告了分组回归结果。第（1）列和第（2）列是基于企业所有制类型分组的回归结果，第（3）列和第（4）列是基于企业规模分组的回归结果，第（5）列和第（6）列是基于企业经营的法制环境分组的回归结果。结果表明，"营改增"政策对房地产业企业产品层竞争力的提升在国有企业中更为显著；无论是大型企业还是中小型企业，"营改增"政策对房地产业企业产品层竞争力的影响均不显著；在法制环境较好的地区，"营改增"政策对房地产业企业产品层竞争力的提升效应更加显著。

表3.25　"营改增"政策对房地产业企业产品层竞争力的影响：异质性分析

变量	所有制类型		规模		法制环境	
	国有	非国有	大型	中小型	优	劣
treat × post	35.71*	13.94	23.73	45.69	31.70**	23.90
	（19.84）	（22.38）	（18.01）	（37.00）	（15.75）	（40.79）
treat	−9.192	0.250	9.474	−14.45	−5.609	−24.41
	（71.88）	（46.09）	（60.03）	（49.02）	（52.33）	（70.95）
post	−32.34	−42.18*	−45.66	−50.17*	−52.15**	−21.57
	（28.62）	（24.73）	（28.03）	（27.41）	（20.99）	（38.27）
size	0.409	−6.027	−2.775	−3.276	−0.943	−3.528
	（4.793）	（5.761）	（5.106）	（7.756）	（4.150）	（7.745）

续表

变量	所有制类型		规模		法制环境	
	国有	非国有	大型	中小型	优	劣
lev	−1.247	55.18*	21.75	38.91	20.41	50.59
	（37.53）	（33.18）	（40.11）	（32.26）	（29.54）	（46.44）
roa	−5.563	524.8***	322.6**	286.9***	301.2***	294.2*
	（127.3）	（104.6）	（138.9）	（101.7）	（94.86）	（158.3）
age	21.64	21.25*	22.78	28.31**	29.77***	15.55
	（19.60）	（10.87）	（16.19）	（11.41）	（10.27）	（21.34）
growth	−31.44*	−20.62*	−27.90**	−17.61	−21.32*	−27.69
	（18.06）	（10.66）	（13.15）	（12.76）	（11.09）	（16.99）
capex	17.61	−30.54	129.0	−114.8	−38.60	34.08
	（146.3）	（104.0）	（135.6）	（108.0）	（95.04）	（188.0）
boardsize	5.648	10.33	14.84	1.532	1.065	25.83
	（27.91）	（27.84）	（27.28）	（29.22）	（22.01）	（43.52）
duality	−1.918	12.32	14.86	0.193	11.43	−14.93
	（15.73）	（9.224）	（12.34）	（10.21）	（8.926）	（18.15）
lndep	13.72	−56.78	−13.07	5.840	−7.911	−42.89
	（100.3）	（93.38）	（91.86）	（105.4）	（74.27）	（156.9）
年份	Yes	Yes	Yes	Yes	Yes	Yes
行业	Yes	Yes	Yes	Yes	Yes	Yes
常数项	506.4***	619.1***	545.0***	554.9***	516.2***	570.2***
	（133.9）	（141.4）	（131.8）	（181.0）	（105.1）	（202.0）
N	2 317	2 608	2 351	2 574	3 685	1 240
R^2	0.027	0.030	0.023	0.026	0.024	0.022

* $p < 0.1$，** $p < 0.05$，*** $p < 0.01$

注：括号中为标准误

3.3.4 "营改增"政策对生活服务业竞争力的实证分析

1. 描述性统计

表 3.26 为变量的描述性统计，从全样本来看，企业制度层竞争力的均值仅为 −0.025 4，说明企业制度层竞争力很低，其标准差为 0.401，表明不同企业间的差异也比较大。企业的资产负债率均值为 0.424，在标准范围内。对比实验组样本和对照组样本可知，生活服务业实验组样本的企业制度层竞争力小于对照组样本的企业制度层竞争力。实验组的资产负债率也小于对照组，但是实验组的现金持有水平为 0.244 高于对照组，这都与其行业特质有很大的关系。

表3.26　变量描述性统计（四）

分组	变量	观测值	均值	标准差	最小值	最大值
全样本	comp	4 427	−0.025 4	0.401	−1.315	2.017
	tfpch	4 427	533.5	226.3	38	1 128
	size	4 427	22.24	1.233	19.91	26.24
	lev	4 427	0.424	0.196	0.052 1	0.859
	roa	4 427	0.041 8	0.058 7	−0.202	0.209
	age	4 427	2.675	0.609	1	3.434
	cash	4 427	0.183	0.136	0.013 9	0.655
	growth	4 427	1.043	0.474	−0.143	3.521
	capex	4 427	0.053 6	0.046 6	0.001 08	0.225
	boardsize	4 427	2.048	0.418	0.845	2.708
	duality	4 427	0.214	0.410	0	1
	lndep	4 427	0.386	0.071 4	0.313	0.602
实验组	comp	538	−0.065 1	0.339	−1.31 5	2.017
	tfpch	538	509.5	189.0	38	1 128
	size	538	21.77	0.986	19.91	24.51
	lev	538	0.337	0.170	0.052 1	0.859
	roa	538	0.048 3	0.069 3	−0.202	0.209
	age	538	1.530	0.680	1	3.332
	cash	538	0.244	0.160	0.013 9	0.655
	growth	538	0.415	0.645	−0.143	3.521
	capex	538	0.047 3	0.049 6	0.001 08	0.225
	boardsize	538	1.153	0.493	0.845	2.708
	duality	538	0.162	0.369	0	1
	lndep	538	0.501	0.080 5	0.313	0.602
对照组	comp	3 889	−0.019 9	0.408	−1.315	2.017
	tfpch	3 889	536.8	230.9	38	1 128
	size	3 889	22.30	1.250	19.91	26.24
	lev	3 889	0.437	0.197	0.052 1	0.859
	roa	3 889	0.040 9	0.057 1	−0.202	0.209
	age	3 889	2.833	0.390	1	3.434
	cash	3 889	0.174	0.131	0.013 9	0.655
	growth	3 889	1.130	0.369	0	3.521

续表

分组	变量	观测值	均值	标准差	最小值	最大值
对照组	capex	3 889	0.054 4	0.046 1	0.001 08	0.225
	boardsize	3 889	2.172	0.197	1.099	2.708
	duality	3 889	0.221	0.415	0	1
	lndep	3 889	0.370	0.053 1	0.313	0.602

2."营改增"政策对生活服务业企业竞争力的影响

表 3.27 报告了"营改增"政策对生活服务业企业竞争力的影响的回归结果。第（1）列为"营改增"政策对企业制度层竞争力的影响的回归结果，"营改增"政策的系数为-0.045 2，且在 5%的水平上显著为负，表明"营改增"政策降低了生活服务业企业制度层竞争力。第（2）列为"营改增"政策对企业产品层竞争力的影响的回归结果，"营改增"政策的系数为-1.539，但不显著，表明"营改增"政策对生活服务业企业产品层竞争力没有明显的影响。综上，"营改增"政策降低了生活服务业企业制度层竞争力。

表3.27 "营改增"政策对生活服务业企业竞争力的影响

变量	（1）	（2）	（3）	（4）	（5）	（6）
	comp	tfpch	effch	techch	pech	sech
treat × post	-0.045 2**	-1.539	-0.063 0**	62.21***	-0.040 6	0.007 25
	（0.018 7）	（18.35）	（0.029 6）	（9.386）	（0.025 7）	（0.018 8）
treat	0.071 0**	-15.88	0.060 8	-28.16**	0.044 1	0.039 2
	（0.035 4）	（35.55）	（0.052 3）	（11.11）	（0.042 6）	（0.027 3）
post	0.197*	-43.50	0.079 4	-1.779	0.064 7	0.045 0
	（0.106）	（119.4）	（0.125）	（22.68）	（0.098 5）	（0.036 7）
size	0.124***	-0.182	0.006 18	-1.044	0.003 63	0.004 41
	（0.006 64）	（3.882）	（0.005 71）	（1.388）	（0.004 57）	（0.003 40）
lev	-0.035 3	20.10	0.061 5	8.819	0.055 9*	0.055 6**
	（0.030 0）	（24.60）	（0.038 0）	（8.646）	（0.031 9）	（0.023 0）
roa	4.392***	267.3***	0.071 0	11.56	-0.039 1	-0.128*
	（0.085 9）	（72.33）	（0.112）	（26.06）	（0.094 0）	（0.067 0）
age	0.005 29	25.47***	0.089 1***	5.751*	0.077 3***	0.058 8***
	（0.009 30）	（9.034）	（0.015 2）	（3.152）	（0.013 3）	（0.011 4）
growth	0.033 4***	-17.57*	0.070 9***	-2.187	0.054 5***	0.098 9***
	（0.010 1）	（9.010）	（0.018 7）	（3.771）	（0.016 2）	（0.015 2）
capex	-0.061 4	-31.82	0.100	-8.876	0.111	0.115
	（0.079 8）	（77.86）	（0.120）	（27.94）	（0.103）	（0.076 6）
boardsize	0.021 5	-7.760	-0.061 6**	-0.712	-0.059 9**	-0.049 1***
	（0.026 0）	（19.52）	（0.028 9）	（6.989）	（0.024 4）	（0.017 0）
duality	0.001 52	2.012	-0.017 2	-3.549	-0.021 3*	-0.020 2**
	（0.009 12）	（8.320）	（0.013 6）	（2.958）	（0.011 4）	（0.009 03）
lndep	0.118	-30.19	-0.063 9	10.44	-0.028 7	0.034 7
	（0.083 4）	（75.75）	（0.105）	（27.67）	（0.090 9）	（0.064 3）

续表

变量	（1）	（2）	（3）	（4）	（5）	（6）
	comp	tfpch	effch	techch	pech	sech
年份	Yes	Yes	Yes	Yes	Yes	Yes
行业	Yes	Yes	Yes	Yes	Yes	Yes
常数量	-3.086^{***}	540.6^{***}	0.609^{***}	376.2^{***}	0.645^{***}	0.651^{***}
	（0.151）	（98.35）	（0.147）	（33.70）	（0.120）	（0.084 5）
N	4 427	4 427	4 427	4 427	4 427	4 427
R^2	0.609	0.026	0.139	0.506	0.091	0.177

$* p < 0.1$，$** p < 0.05$，$*** p < 0.01$
注：括号中为标准误

进一步，使用 DEA-Malmquist 指数法对全要素生产率，即企业产品层竞争力进行分解，将分解后的技术效率、技术进步、纯技术效率及规模效率四个指标作为被解释变量，代入模型（3.2）中进行回归，表 3.27 的第（3）列到第（6）列报告了分解后的回归结果。第（3）列中"营改增"政策的系数在 5% 的水平上显著为负，表明"营改增"政策降低了生活服务业企业的技术效率。第（4）列中交互项的系数为 62.21，且显著为正，表明"营改增"政策促进了生活服务业企业的技术进步。第（5）列和第（6）列的交互项系数均不显著，即"营改增"政策实施后，生活服务业企业的管理水平及规模没有明显的变化。

由于"营改增"政策对生活服务业企业产品层竞争力没有显著的影响，接下来检验"营改增"政策是否会对企业研发投入及专业化分工产生影响，回归结果如表 3.28 所示。结果表明，"营改增"政策对生活服务业企业的研发投入和专业化分工都没有显著的影响。

表3.28 "营改增"政策对生活服务业企业研发投入和专业化分工的影响

变量	（1）	（2）
	lnr&d	VASI
treat × post	-0.294	0.016 1
	（0.196）	（0.012 0）
treat	0.872^{***}	$0.046 7^{*}$
	（0.284）	（0.027 4）
post	0.768^{***}	0.003 67
	（0.150）	（0.032 3）
size	0.744^{***}	0.004 84
	（0.028 1）	（0.003 18）
lev	$-0.020 3$	-0.238^{***}
	（0.167）	（0.021 0）
roa	2.057^{***}	0.127^{**}
	（0.466）	（0.056 9）

续表

变量	（1）	（2）
	lnr&d	VASI
age	−0.262***	−0.004 38
	（0.061 3）	（0.007 07）
growth	−0.055 9	0.023 3***
	（0.072 1）	（0.005 21）
capex	2.964***	0.053 4
	（0.563）	（0.059 8）
boardsize	0.184	−0.012 5
	（0.149）	（0.014 7）
duality	0.246***	0.016 7***
	（0.050 4）	（0.006 49）
lndep	−1.086**	−0.108*
	（0.485）	（0.055 3）
年份	Yes	Yes
行业	Yes	Yes
常数项	−0.325	0.909***
	（0.687）	（0.080 8）
N	2 899	4 427
R^2	0.414	0.113

* $p < 0.1$，** $p < 0.05$，*** $p < 0.01$

注：括号中为标准误

3."营改增"政策与生活服务业企业制度层竞争力：作用路径分析

1）企业税负影响路径的中介效应检验

在表 3.29 第（2）列中，"营改增"政策系数不显著，表明"营改增"政策对企业税负没有显著影响。第（3）列中，企业税负的系数显著为负，表明企业税负与企业制度层竞争力负相关，即企业税负越高，企业制度层竞争力越低。第（4）列中企业税负的系数依然显著为负，此时采用 sobel 检验，sobel 的 p 值不显著，因此，企业税负不是中介变量。

表3.29　生活服务业企业企业税负为中介变量的检验结果

变量	（1）	（2）	（3）	（4）
	comp	ctax	comp	comp
treat × post	−0.045 2**	0.005 08		−0.042 8**
	（0.018 7）	（0.004 27）		（0.019 0）
treat	0.071 0**	0.047 4***		0.086 8**
	（0.035 4）	（0.005 23）		（0.035 1）
post	0.197*	0.031 9		0.206**
	（0.106）	（0.037 8）		（0.103）
ctax			−0.317***	−0.318***
			（0.080 6）	（0.080 6）

续表

变量	（1）	（2）	（3）	（4）
	comp	ctax	comp	comp
size	0.124***	0.002 96***	0.126***	0.126***
	（0.006 64）	（0.000 779）	（0.006 68）	（0.006 70）
lev	−0.035 3	−0.056 1***	−0.052 4*	−0.053 5*
	（0.030 0）	（0.005 60）	（0.030 1）	（0.030 0）
roa	4.392***	0.070 1***	4.443***	4.431***
	（0.085 9）	（0.017 6）	（0.089 3）	（0.090 0）
age	0.005 29	0.019 2***	0.014 7	0.013 2
	（0.009 30）	（0.001 99）	（0.009 45）	（0.009 31）
growth	0.033 4***	−0.006 88***	0.030 7***	0.030 8***
	（0.010 1）	（0.001 88）	（0.010 2）	（0.010 2）
capex	−0.061 4	−0.086 8***	−0.088 5	−0.084 8
	（0.079 8）	（0.017 0）	（0.082 4）	（0.082 6）
boardsize	0.021 5	0.014 4***	0.018 2	0.024 1
	（0.026 0）	（0.004 04）	（0.025 7）	（0.026 1）
duality	0.001 52	−0.000 556	0.003 11	0.003 49
	（0.009 12）	（0.001 84）	（0.009 27）	（0.009 28）
lndep	0.118	0.059 5***	0.129	0.133
	（0.083 4）	（0.015 7）	（0.084 5）	（0.084 6）
年份	Yes	Yes	Yes	Yes
行业	Yes	Yes	Yes	Yes
常数项	−3.086***	−0.117***	−3.129***	−3.147***
	（0.151）	（0.018 7）	（0.151）	（0.152）
N	4 427	4 369	4 369	4 369
R^2	0.609	0.187	0.604	0.605

*$p<0.1$，**$p<0.05$，***$p<0.01$

注：括号中为标准误

2）融资约束程度影响路径的中介效应检验

在表 3.30 中，第（2）列交互项的系数显著为负，表明"营改增"政策有效缓解了生活服务业企业的融资约束。第（3）列企业融资约束程度系数显著为负，表明企业制度层竞争力与企业融资约束程度负相关，企业融资约束程度越小，企业制度层竞争力越强。第（4）列中融资约束程度系数显著异于 0，"营改增"政策系数的绝对值大于第（1）列的"营改增"政策系数，因此融资约束不是中介变量。

表3.30　生活服务业企业融资约束程度为中介变量的检验结果

变量	（1）	（2）	（3）	（4）
	comp	kz	comp	comp
treat × post	−0.132***	−1.421**		−0.173***
	（0.031 1）	（0.678）		（0.032 1）

续表

变量	（1）	（2）	（3）	（4）
	comp	kz	comp	comp
treat	0.261***	−2.380***		0.260***
	（0.049 3）	（0.455）		（0.051 0）
post	0.322**	0.520		0.362**
	（0.147）	（1.559）		（0.148）
kz			−0.010 9***	−0.011 4***
			（0.002 76）	（0.002 76）
size	0.185***	−0.424***	0.183***	0.184***
	（0.007 58）	（0.052 6）	（0.008 02）	（0.007 99）
lev	−0.654***	5.103***	−0.669***	−0.663***
	（0.041 3）	（0.368）	（0.043 5）	（0.043 4）
age	0.002 71	1.051***	0.016 4	0.011 2
	（0.012 7）	（0.165）	（0.013 8）	（0.013 6）
growth	0.134***	−3.167***	0.120***	0.117***
	（0.014 5）	（0.349）	（0.019 3）	（0.019 2）
capex	0.389***	16.70***	0.434***	0.456***
	（0.107）	（1.265）	（0.112）	（0.111）
boardsize	0.036 6	1.716***	0.040 0	0.052 1
	（0.031 9）	（0.332）	（0.034 1）	（0.034 2）
duality	0.000 089 0	−0.372**	−0.005 30	−0.004 08
	（0.012 4）	（0.173）	（0.013 1）	（0.013 0）
lndep	0.009 97	1.521	0.038 2	0.047 6
	（0.113）	（1.100）	（0.116）	（0.116）
年份	Yes	Yes	Yes	Yes
行业	Yes	Yes	Yes	Yes
常数项	−4.120***	3.666***	−4.038***	−4.079***
	（0.175）	（1.167）	（0.180）	（0.180）
N	4 427	4 146	4 146	4 146
R^2	0.310	0.253	0.316	0.322

** $p < 0.05$，*** $p < 0.01$

注：括号中为标准误

4."营改增"政策与生活服务业企业竞争力：异质性分析

依据企业的所有制类型、规模、法制环境将样本分组，表 3.31 报告了分组回归结果。第（1）列和第（2）列是基于企业所有制类型分组的回归结果，第（3）列和第（4）列是基于企业规模分组的回归结果，第（5）列和第（6）列是基于企业经营的法制环境分组的回归结果。结果表明，无论是国有企业还是非国有企业，无论是大型企业还是中小型企业，"营改增"政策对生活服务业企业的制度层竞争力的影响没有差别；在法制环境较好的地区，"营改增"政策显著降低了生活服务业企业制度层竞争力。

表3.31 "营改增"政策对生活服务业企业制度层竞争力的影响：异质性分析

变量	所有制类型		规模		法制环境	
	国有	非国有	大型	中小型	优	劣
treat × post	−0.018 5	−0.038 5	0.047 8	−0.019 8	−0.049 9**	−0.043 7
	（0.027 7）	（0.026 5）	（0.045 3）	（0.019 2）	（0.021 2）	（0.034 3）
treat	−0.033 5	0.156***	−0.044 4	0.054 2	0.027 2	0.090 3*
	（0.051 7）	（0.049 0）	（0.079 5）	（0.038 9）	（0.052 1）	（0.050 7）
post	0.128	0.074 9***	0.012 2	0.163	0.188*	−0.004 83
	（0.133）	（0.027 4）	（0.043 1）	（0.112）	（0.110）	（0.027 8）
size	0.167***	0.068 7***	0.214***	0.048 4***	0.135***	0.076 9***
	（0.009 34）	（0.006 89）	（0.013 5）	（0.006 31）	（0.007 47）	（0.008 47）
lev	−0.238***	0.158***	−0.104	0.097 0***	0.010 9	−0.025 1
	（0.044 4）	（0.035 8）	（0.064 5）	（0.023 3）	（0.037 3）	（0.043 0）
roa	4.694***	4.294***	5.440***	4.052***	4.399***	4.445***
	（0.144）	（0.103）	（0.182）	（0.084 0）	（0.105）	（0.160）
age	0.013 6	0.012 0	−0.031 3*	0.024 5***	−0.012 9	0.025 8
	（0.020 6）	（0.009 81）	（0.017 5）	（0.009 10）	（0.010 2）	（0.018 3）
growth	0.011 3	0.048 3***	0.032 1*	0.055 8***	0.022 7*	0.055 3***
	（0.017 1）	（0.011 8）	（0.016 6）	（0.010 5）	（0.013 3）	（0.015 5）
capex	0.294**	−0.282***	−0.082 2	−0.111*	−0.208**	−0.031 4
	（0.140）	（0.092 6）	（0.178）	（0.064 1）	（0.098 8）	（0.105）
boardsize	−0.016 3	0.069 9*	0.050 4	−0.045 2*	0.045 0	−0.035 3
	（0.031 8）	（0.042 0）	（0.043 2）	（0.023 6）	（0.039 8）	（0.024 2）
duality	−0.020 9	−0.002 95	0.004 73	−0.012 1	−0.001 74	0.003 88
	（0.017 3）	（0.010 9）	（0.021 2）	（0.007 91）	（0.011 1）	（0.016 4）
lndep	−0.101	0.179	0.135	−0.017 7	0.210**	−0.012 2
	（0.118）	（0.115）	（0.146）	（0.069 5）	（0.104）	（0.110）
年份	Yes	Yes	Yes	Yes	Yes	Yes
行业	Yes	Yes	Yes	Yes	Yes	Yes
常数项	−3.719***	−2.145***	−5.189***	−1.376***	−3.348***	−1.998***
	（0.205）	（0.176）	（0.302）	（0.144）	（0.178）	（0.171）
N	2 020	2 407	1 731	2 696	3 133	1 294
R^2	0.618	0.641	0.589	0.705	0.628	0.665

$* p < 0.1$，$** p < 0.05$，$*** p < 0.01$

注：括号中为标准误

3.3.5 "营改增"政策对商业银行竞争力的实证分析

1. 描述性统计

表3.32 报告了商业银行变量的描述性统计。在全样本组中，企业制度层竞争力均值为−0.012 5，最小值为−1.176，最大值为 2.575，标准差为 0.432，说明商业

银行制度层竞争力偏低，而且不同商业银行之间的竞争力也存在较大差异；通过使用 DEA-Malmquist 指数法测算的产品层竞争力均值为 514.9，标准差为 223.6，说明我国商业银行产品层竞争力存在很大差异。在实验组和对照组的样本中，实验组的制度层竞争力均值为−0.012 1，大于对照组的制度层竞争力均值−0.012 6；然而实验组的产品层竞争力均值小于对照组产品层竞争力均值；实验组的资产收益率的均值也小于对照组资产收益率的均值。

表3.32　变量描述性统计（五）

分组	变量	观测值	均值	标准差	最小值	最大值
全样本	comp	4 049	−0.012 5	0.432	−1.176	2.575
	tfpch	4 049	514.9	223.6	36	1 093
	size	4 049	22.57	1.816	19.97	29.92
	lev	4 049	0.457	0.216	0.056 3	0.942
	roa	4 049	0.040 0	0.055 0	−0.168	0.207
	age	4 049	2.843	0.392	1.386	3.466
	cash	4 049	0.172	0.128	0.014 8	0.624
	growth	4 049	1.132	0.361	0.233	3.521
	capex	4 049	0.052 3	0.046 3	0.000 786	0.223
	boardsize	4 049	2.088	0.460	0	2.708
	duality	4 049	0.215	0.409	−0.105	1
	lndep	4 049	0.370	0.051 9	0.300	0.571
实验组	comp	160	−0.012 1	0.298	−0.927	1.075
	tfpch	160	497.0	70.81	348	713
	size	160	28.90	0.958	26.12	29.92
	lev	160	0.932	0.008 77	0.911	0.942
	roa	160	0.010 7	0.001 87	0.006 35	0.014 7
	age	160	3.063	0.435	1.386	3.466
	cash	160	0.120	0.032 9	0.055 5	0.213
	growth	160	1.166	0.229	0.233	3.521
	capex	160	0.001 72	0.000 851	0.000 786	0.004 64
	boardsize	160	0.037 5	0.191	0	1
	duality	160	0.060 6	0.150	−0.105	0.385
	lndep	160	0.369	0.040 2	0.300	0.500

续表

分组	变量	观测值	均值	标准差	最小值	最大值
对照组	comp	3 889	−0.012 6	0.437	−1.176	2.575
	tfpch	3 889	515.6	227.7	36	1 093
	size	3 889	22.31	1.296	19.97	28.64
	lev	3 889	0.437	0.198	0.056 3	0.942
	roa	3 889	0.041 2	0.055 8	−0.168	0.207
	age	3 889	2.834	0.387	1.386	3.466
	cash	3 889	0.174	0.130	0.014 8	0.624
	growth	3 889	1.131	0.366	0.233	3.521
	capex	3 889	0.054 4	0.046 1	0.000 786	0.223
	boardsize	3 889	2.172	0.197	1.099	2.708
	duality	3 889	0.221	0.415	0	1
	lndep	3 889	0.370	0.052 3	0.300	0.571

2. "营改增"政策对商业银行竞争力的影响

表 3.33 报告了"营改增"政策对商业银行竞争力的影响的回归结果。第（1）列为"营改增"政策对商业银行制度层竞争力的影响的回归结果，交互项的系数为−0.223，且在 1%的水平上显著，表明"营改增"政策降低了商业银行的制度层竞争力。企业规模、资产收益率、企业成长性的系数均显著为正，表明企业规模越大，其制度层竞争力越强；企业资产收益率越强，其制度层竞争力越强；高成长性的企业的竞争力也更强。

表3.33　"营改增"政策对商业银行竞争力的影响

变量	（1）	（2）	（3）	（4）	（5）	（6）
	comp	tfpch	effch	techch	pech	sech
treat × post	−0.223***	−45.98***	−0.080 2***	−8.752	−0.056 1***	−0.026 7
	（0.052 2）	（13.75）	（0.028 8）	（15.15）	（0.020 6）	（0.021 7）
treat	−0.773***	−29.65	−0.174*	−3.433	−0.132*	−0.090 9*
	（0.111）	（62.76）	（0.097 9）	（21.24）	（0.079 6）	（0.053 7）
post	−0.037 5	−51.68***	0.356***	−197.9***	0.202***	0.238***
	（0.023 3）	（19.73）	（0.036 0）	（6.266）	（0.026 2）	（0.022 2）
size	0.154***	1.841	0.006 84	−0.869	0.003 81	0.002 07
	（0.009 97）	（3.825）	（0.005 72）	（1.309）	（0.004 46）	（0.003 24）
lev	−0.125***	6.291	0.032 0	6.902	0.026 9	0.038 6
	（0.041 5）	（26.00）	（0.041 3）	（8.601）	（0.033 6）	（0.024 0）
roa	4.433***	127.8	−0.160	−0.442	−0.245**	−0.224***
	（0.105）	（81.31）	（0.130）	（26.38）	（0.107）	（0.075 3）
age	−0.007 45	24.62***	0.099 0***	7.303**	0.084 1***	0.073 6***
	（0.010 3）	（9.262）	（0.016 2）	（3.301）	（0.014 3）	（0.012 8）

续表

变量	（1）	（2）	（3）	（4）	（5）	（6）
	comp	tfpch	effch	techch	pech	sech
growth	0.029 1**	−19.44*	0.078 3***	3.587	0.077 0***	0.107***
	（0.013 9）	（10.17）	（0.024 2）	（3.953）	（0.021 5）	（0.020 3）
capex	−0.100	−7.678	0.153	−4.854	0.148	0.134
	（0.097 2）	（85.76）	（0.134）	（29.46）	（0.113）	（0.085 6）
boardsize	−0.028 8	−4.259	−0.020 8	0.084 8	−0.023 2	−0.001 38
	（0.036 7）	（21.59）	（0.032 5）	（7.491）	（0.026 7）	（0.018 7）
duality	0.001 27	2.887	−0.018 1	−2.454	−0.020 2*	−0.016 5*
	（0.011 1）	（8.590）	（0.014 2）	（2.966）	（0.011 9）	（0.009 42）
lndep	0.040 4	−38.35	−0.084 3	0.256	−0.033 3	0.027 1
	（0.101）	（80.35）	（0.114）	（28.08）	（0.095 3）	（0.068 9）
年份	Yes	Yes	Yes	Yes	Yes	Yes
行业	Yes	Yes	Yes	Yes	Yes	Yes
常数项	−3.513***	485.0***	0.498***	362.0***	0.533***	0.567***
	（0.207）	（99.24）	（0.156）	（32.62）	（0.125）	（0.088 3）
N	4 049	4 049	4 049	4 049	4 049	4 049
R^2	0.569	0.023	0.142	0.538	0.098	0.179

* $p < 0.1$，** $p < 0.05$，*** $p < 0.01$
注：括号中为标准误

　　第（2）列为 "营改增" 政策对商业银行产品层竞争力的影响的回归结果，交互项的系数在 1% 的水平上显著为负，表明 "营改增" 政策显著降低了商业银行产品层竞争力。综上，"营改增" 政策降低了商业银行的竞争力。

　　进一步，使用 DEA-Malmquist 指数法对全要素生产率即企业产品层竞争力进行分解，得到分解后的技术效率和技术进步，再将技术效率分解得到纯技术效率和规模效率，将全要素生产率分解后的技术效率、技术进步、纯技术效率及规模效率四个指标作为被解释变量，代入模型（3.2）中进行回归，表 3.33 的第（3）列到第（6）列报告了分解后的回归结果。第（3）列中技术效率的系数和第（5）列中纯技术效率的系数显著为负，即 "营改增" 政策的实施，降低了商业银行的管理水平，而第（6）列中规模效率不显著，表明 "营改增" 政策并没有使商业银行的规模发生变化，第（4）列的技术进步的系数不显著。综上，该回归结果表明 "营改增" 政策降低了企业的纯技术效率，进而导致商业银行的技术效率降低，最终使得商业银行的全要素生产率即商业银行的产品层竞争力降低。

　　3. "营改增" 政策与商业银行竞争力：作用路径分析

　　1）"营改增" 政策与商业银行制度层竞争力：作用路径分析
　　其一，企业税负影响路径的中介效应检验。

将企业税负作为中介变量，将其代入模型（3.1）、模型（3.3）、模型（3.4）、模型（3.5）依次进行回归，回归结果见表3.34。表3.34的第（2）列为"营改增"政策对商业银行税负影响的回归结果。"营改增"政策的系数为 0.026 4，显著为正，表明"营改增"政策的实施加剧了商业银行的税收负担，并没有达到减税降负的目的。第（3）列为商业银行税负与商业银行制度层竞争力关系的研究结果，商业银行税负的系数显著为负，表明商业银行税负与其制度层竞争力负相关。第（4）列中，商业银行税负的系数显著异于0，"营改增"政策的系数为-0.209，在1%的水平上显著为负，但其绝对值小于第（1）列中"营改增"政策系数的绝对值，因此，商业银行税负是"营改增"政策效应的作用路径。

表3.34　商业银行税负为中介变量的检验结果

变量	（1） comp	（2） ctax	（3） comp	（4） comp
treat × post	−0.223*** （0.052 2）	0.026 4*** （0.004 98）		−0.209*** （0.052 3）
treat	−0.773*** （0.111）	0.081 6*** （0.011 5）		−0.745*** （0.113）
post	−0.037 5 （0.023 3）	−0.018 0*** （0.003 73）		−0.049 0** （0.023 2）
ctax			−0.532*** （0.087 9）	−0.509*** （0.088 0）
size	0.154*** （0.009 97）	0.002 83*** （0.000 755）	0.157*** （0.010 1）	0.157*** （0.010 1）
lev	−0.125*** （0.041 5）	−0.054 4*** （0.005 94）	−0.155*** （0.041 2）	−0.153*** （0.041 2）
roa	4.433*** （0.105）	0.133*** （0.019 5）	4.524*** （0.110）	4.524*** （0.110）
age	−0.007 45 （0.010 3）	0.018 2*** （0.002 08）	0.005 55 （0.010 3）	0.004 10 （0.010 5）
growth	0.029 1** （0.013 9）	−0.005 13** （0.002 17）	0.027 8* （0.014 2）	0.026 1* （0.014 2）
capex	−0.100 （0.097 2）	−0.098 6*** （0.018 8）	−0.173* （0.101）	−0.145 （0.101）
boardsize	−0.028 8 （0.036 7）	0.011 4** （0.004 46）	−0.032 2 （0.036 7）	−0.025 3 （0.036 9）
duality	0.001 27 （0.011 1）	−0.001 84 （0.001 90）	0.005 06 （0.011 3）	0.003 01 （0.011 2）
lndep	0.040 4 （0.101）	0.067 3*** （0.016 8）	0.050 7 （0.103）	0.070 7 （0.103）
年份	Yes	Yes	Yes	Yes
行业	Yes	Yes	Yes	Yes
常数项	−3.513*** （0.207）	−0.114*** （0.018 8）	−3.588*** （0.209）	−3.600*** （0.208）

续表

变量	（1）	（2）	（3）	（4）
	comp	ctax	comp	comp
N	4 049	3 991	3 991	3 991
R^2	0.569	0.225	0.564	0.567

$* p < 0.1$, $** p < 0.05$, $*** p < 0.01$
注：括号中为标准误

其二，融资约束程度影响路径的中介效应检验。

将融资约束程度作为中介变量代入模型（3.1）、模型（3.3）、模型（3.4）、模型（3.5），依次进行回归，回归结果见表 3.35。表 3.35 第（2）列为 "营改增" 政策与商业银行融资约束程度之间的回归结果，在此回归中，"营改增" 政策的系数显著为正，表明 "营改增" 政策的实施并没有缓解商业银行融资约束，反而使其融资约束程度加剧。第（3）列中，融资约束程度的系数显著为负，表明商业银行制度层竞争力与融资约束负相关，商业银行融资约束程度越低，其制度层竞争力越强。第（4）列中，融资约束程度的系数显著为负，"营改增" 政策的系数也显著为负，但其绝对值 0.185 小于第（1）列中 "营改增" 政策的系数的绝对值 0.223。检验结果表明，融资约束程度是 "营改增" 政策影响商业银行制度层竞争力的作用路径。

表3.35 商业银行融资约束程度为中介变量的检验结果

变量	（1）	（2）	（3）	（4）
	comp	kz	comp	comp
treat × post	−0.223***	5.414***		−0.185***
	（0.052 2）	（1.655）		（0.058 4）
treat	−0.773***	−15.29***		−0.918***
	（0.111）	（1.513）		（0.109）
post	−0.037 5	0.573*		−0.053 0**
	（0.023 3）	（0.309）		（0.024 8）
kz			−0.009 31***	−0.008 49**
			（0.003 59）	（0.003 67）
size	0.154***	−0.011 0	0.159***	0.159***
	（0.009 97）	（0.052 3）	（0.010 3）	（0.010 3）
lev	−0.125***	3.302***	−0.115**	−0.117**
	（0.041 5）	（0.396）	（0.047 1）	（0.047 3）
roa	4.433***	−5.143***	4.407***	4.412***
	（0.105）	（1.157）	（0.111）	（0.110）
age	−0.007 45	−0.215	−0.013 7	−0.014 5
	（0.010 3）	（0.196）	（0.010 8）	（0.010 9）
growth	0.029 1**	−2.990***	0.001 04	0.002 30
	（0.013 9）	（0.388）	（0.020 4）	（0.020 4）

续表

变量	（1）	（2）	（3）	（4）
	comp	kz	comp	comp
capex	−0.100	11.20***	−0.061 2	−0.047 7
	（0.097 2）	（1.168）	（0.097 8）	（0.097 3）
boardsize	−0.028 8	0.201	−0.035 3	−0.029 2
	（0.036 7）	（0.355）	（0.037 4）	（0.037 4）
duality	0.001 27	−0.116	0.008 23	0.006 31
	（0.011 1）	（0.143）	（0.011 6）	（0.011 7）
lndep	0.040 4	−1.213	−0.023 0	−0.003 94
	（0.101）	（1.182）	（0.101）	（0.101）
年份	Yes	Yes	Yes	Yes
行业	Yes	Yes	Yes	Yes
常数项	−3.513***	3.130**	−3.518***	−3.534***
	（0.207）	（1.339）	（0.213）	（0.212）
N	4 049	3 804	3 804	3 804
R^2	0.569	0.415	0.569	0.571

* $p < 0.1$，** $p < 0.05$，*** $p < 0.01$

注：括号中为标准误

2）"营改增"政策与商业银行产品层竞争力：作用路径分析

将商业银行专业化分工作为中介变量代入模型（3.1）、模型（3.3）、模型（3.4）、模型（3.5）依次进行回归，回归结果见表3.36。表3.36的第（2）列为"营改增"政策对商业银行专业化分工的回归结果，"营改增"政策的系数为−0.025 4，且显著，表明"营改增"政策促进了商业银行的专业化分工。第（3）列为商业银行产品层竞争力与专业化分工之间的回归结果，专业化分工的系数显著为负，表明商业银行产品层竞争力与专业化分工正相关，商业银行专业化分工越强，其产品层竞争力也越强，因为此时商业银行将集中资源发展主营业务，使其竞争力得到提升。第（4）列中专业化分工的系数显著为负，"营改增"政策的系数也显著为负，但"营改增"政策系数的绝对值大于第（1）中"营改增"政策系数的绝对值，因此专业化分工不是"营改增"政策效应的作用路径。

表3.36　商业银行专业化分工为中介变量的检验结果

变量	（1）	（2）	（3）	（4）
	tfpch	VASI	tfpch	tfpch
treat × post	−45.98***	−0.025 4*		−46.94***
	（13.75）	（0.014 3）		（13.74）
treat	−29.65	0.210***		−21.65
	（62.76）	（0.052 5）		（62.87）

续表

变量	（1）	（2）	（3）	（4）
	tfpch	VASI	tfpch	tfpch
post	−51.68***	0.012 0		−51.23***
	（19.73）	（0.012 9）		（19.71）
VASI			−37.71*	−38.04*
			（21.65）	（21.66）
size	1.841	0.001 37	1.985	1.893
	（3.825）	（0.003 12）	（3.819）	（3.820）
lev	6.291	−0.223***	−2.321	−2.192
	（26.00）	（0.022 9）	（26.35）	（26.36）
roa	127.8	0.197***	134.5*	135.3*
	（81.31）	（0.067 6）	（81.55）	（81.58）
age	24.62***	−0.003 05	24.74***	24.51***
	（9.262）	（0.007 85）	（9.264）	（9.262）
growth	−19.44*	0.023 2***	−18.17*	−18.56*
	（10.17）	（0.006 55）	（10.18）	（10.19）
capex	−7.678	0.055 1	−11.16	−5.584
	（85.76）	（0.067 6）	（85.51）	（85.74）
boardsize	−4.259	−0.012 4	−6.302	−4.731
	（21.59）	（0.018 7）	（21.52）	（21.58）
duality	2.887	0.015 3**	3.907	3.468
	（8.590）	（0.007 07）	（8.589）	（8.599）
lndep	−38.35	−0.108*	−47.09	−42.45
	（80.35）	（0.061 2）	（80.26）	（80.40）
年份	Yes	Yes	Yes	Yes
行业	Yes	Yes	Yes	Yes
常数项	485.0***	0.972***	524.9***	522.0***
	（99.24）	（0.084 8）	（102.1）	（102.2）
N	4 049	4 049	4 049	4 049
R^2	0.023	0.112	0.023	0.023

$* p < 0.1$，$** p < 0.05$，$*** p < 0.01$

注：括号中为标准误

4."营改增"政策与商业银行竞争力：异质性分析

依据所有制类型、规模将样本分组，分别研究不同所有制类型下及不同规模下，"营改增"政策对商业银行制度层竞争力和产品层竞争力的影响。回归结果见表 3.37 和表 3.38。表 3.37 报告了"营改增"政策对商业银行制度层竞争力的分组回归结果。表 3.38 报告了"营改增"政策对商业银行产品层竞争力的分组回归结果。

表3.37　"营改增"政策对商业银行制度层竞争力的影响：异质性分析

变量	所有制类型		规模	
	国有	非国有	大型	中小型
treat × post	−0.175***	−0.313***	0.045 1	−0.274***
	(0.061 5)	(0.101)	(0.070 6)	(0.053 1)
treat	−1.294***	0.083 7	−1.666***	−0.091 6
	(0.142)	(0.169)	(0.192)	(0.106)
post	−0.095 1***	0.044 2	−0.007 94	0.009 99
	(0.035 5)	(0.029 4)	(0.046 1)	(0.025 2)
size	0.214***	0.063 0***	0.270***	0.032 1***
	(0.013 5)	(0.007 66)	(0.016 6)	(0.007 83)
lev	−0.416***	0.184***	−0.199***	0.104***
	(0.062 3)	(0.043 4)	(0.076 9)	(0.025 4)
roa	4.688***	4.400***	5.521***	4.169***
	(0.185)	(0.118)	(0.235)	(0.090 0)
age	0.003 76	0.004 87	−0.047 7**	0.022 5**
	(0.028 2)	(0.009 78)	(0.019 8)	(0.010 4)
growth	−0.013 3	0.063 1***	0.019 4	0.075 1***
	(0.025 3)	(0.014 5)	(0.021 3)	(0.015 4)
capex	0.311*	−0.343***	−0.180	−0.121
	(0.173)	(0.106)	(0.203)	(0.076 6)
boardsize	−0.105***	0.129*	−0.028 9	−0.048 3
	(0.040 1)	(0.069 3)	(0.053 4)	(0.034 9)
duality	−0.019 5	−0.001 72	0.004 45	−0.011 3
	(0.019 8)	(0.013 3)	(0.026 4)	(0.008 17)
lndep	−0.290**	0.311*	0.021 0	−0.095 6
	(0.140)	(0.163)	(0.164)	(0.088 6)
年份	Yes	Yes	Yes	Yes
行业	Yes	Yes	Yes	Yes
常数项	−4.319***	−2.211***	−6.124***	−1.017***
	(0.279)	(0.223)	(0.339)	(0.189)
N	1 867	2 182	1 650	2 399
R^2	0.627	0.566	0.599	0.657

*$p < 0.1$, **$p < 0.05$, ***$p < 0.01$

注：括号中为标准误

表3.38　"营改增"政策对商业银行产品层竞争力的影响：异质性分析

变量	所有制类型		规模	
	国有	非国有	大型	中小型
treat × post	−43.18**	−54.63*	−30.55	−50.52***
	(17.61)	(30.91)	(20.86)	(18.65)
treat	−4.125	−38.22	−2.915	−8.552
	(94.83)	(92.24)	(94.61)	(95.77)
post	−29.36	−55.91**	−76.63**	−51.04*
	(31.24)	(25.99)	(34.20)	(26.94)

续表

变量	所有制类型		规模	
	国有	非国有	大型	中小型
size	2.060	−0.388	0.039 2	−1.305
	（5.281）	（6.210）	（6.050）	（7.169）
lev	−21.73	29.67	−16.12	19.41
	（41.91）	（33.87）	（46.26）	（32.83）
roa	−173.0	334.6***	72.44	135.5
	（131.5）	（102.7）	（146.9）	（99.34）
age	10.67	22.15*	19.61	27.92**
	（17.84）	（11.50）	（15.74）	（11.67）
growth	−29.40	−19.03	−31.53**	−8.189
	（18.87）	（12.23）	（16.01）	（13.16）
capex	7.301	−6.932	161.0	−101.7
	（157.0）	（101.1）	（150.6）	（105.0）
boardsize	−5.033	−12.46	−3.683	0.195
	（28.97）	（34.10）	（29.34）	（32.39）
duality	−4.674	9.243	10.21	0.214
	（19.54）	（9.609）	（15.78）	（10.31）
lndep	20.01	−111.1	−80.78	18.99
	（125.1）	（108.4）	（124.8）	（110.0）
年份	Yes	Yes	Yes	Yes
行业	Yes	Yes	Yes	Yes
常数项	518.4***	560.0***	598.1***	491.1***
	（146.2）	（161.6）	（156.5）	（172.4）
N	1 867	2 182	1 650	2 399
R^2	0.036	0.025	0.029	0.025

* $p < 0.1$, ** $p < 0.05$, *** $p < 0.01$

注：括号中为标准误

表 3.37 中，第（1）列和第（2）列是基于所有制类型进行分组的回归结果，第（3）列和第（4）列是基于规模分组的回归结果。第（1）列和第（2）列中，"营改增" 政策的系数均显著为负，表明无论是国有商业银行还是非国有商业银行，"营改增" 政策均显著降低了其制度层竞争力，二者之间没有明显差异；第（3）列和第（4）列中，"营改增" 政策的系数在大型商业银行中不显著，在中小型商业银行中显著为负，表明与大型商业银行相比，"营改增" 政策显著降低了中小型商业银行的制度层竞争力。

表 3.38 中，第（1）列和第（2）列是基于所有制类型分组的回归结果，第（3）列和第（4）列是基于规模分组的回归结果。国有商业银行中，"营改增" 政策的系数在 5% 的水平上显著为负，非国有商业银行中，"营改增" 政策的系数在 10% 的水平上显著为负，国有商业银行的显著性高于非国有商业银行，表明相比于非国有商业银行，"营改增" 政策显著降低了国有商业银行的产品层竞争力；第（3）

列和第（4）列中，"营改增"政策系数在大型商业银行中不显著，在中小型商业银行中显著为负，表明与大型商业银行相比，"营改增"政策显著降低了中小型商业银行的产品层竞争力。

3.3.6 "营改增"政策实施前后税收征管对企业的影响分析

1. 基于税务机关税收稽查视角的企业税负黏性研究（杜剑等，2020）

1）研究假设

较多固定性质的税费及诸多类型的涉企政府收费是我国税制结构的一大特点，这些税费具有固定成本的性质，与企业规模相关（程宏伟和吴晓娟，2018），但是营业收入与企业规模不能完全同步变化。当企业生产规模扩大，营业收入增加时，税费随之增加；由于短时间内企业规模不会发生变化，当企业营业收入下降时，与企业规模相关的税费不能及时下降。因此，企业的总体税负与企业营业收入存在非线性的变化，企业营业收入下降时税负的下降幅度小于营业收入增加时税负的增加幅度，从而导致企业的税负黏性现象。

综上所述，提出：

假设 3.3：我国上市公司的税负普遍存在黏性现象，即企业营业收入下降时的税负下降幅度小于企业营业收入增加时的税负增加幅度。

首先，长期以来，我国实行税收计划征管体制，属于典型的按计划征税，而不是依实际经济情况征税（王百强等，2018；白云霞等，2019）。1994 年我国实行分税制改革，为了配合税制改革，中央政府分设国家税务局（国税局）和地方税务局（地税局）①。国家税务总局主要对国税局分局的税收任务进行安排，地方政府主要对地税局的税收任务进行安排。税收任务指标一般是在上一年度实际完成任务的基础上增加一定的比例（王百强等，2018），这个比例就是本年的税收目标增长率。当宏观经济面临下行压力时，税务机关作为国家财政稳健发展的支柱，通常会加强税收征管力度，增加税收稽查强度，以充分发挥税收在国家治理中的基础性、支柱性、保障性作用。由此可能弱化税收收入在企业营业收入下降时的下降比例，从而造成企业的税负黏性现象。

其次，现有研究发现，我国税务机关存在巨大的税收征管空间（高培勇，2006），这为税务机关工作人员创造了一定的弹性操作空间（罗党论和杨玉萍，2013）。潘

---

① 本节研究样本区间为 2008~2017 年。

雷驰(2008)发现税收努力指数的增长率与税收增长率之间存在显著的正向关系。这说明,在宏观经济下行、企业营业收入大幅下降、税源萎缩的情况下,税收征管空间和弹性操作空间的存在使税务机关能够加大稽查力度,实现较高的税收收入,从而造成企业的税负黏性现象。

最后,我国税务机关工作人员的晋升模式是典型的上级考核制(王百强等,2018),无论是国家税务总局还是地方政府,都把税收任务的完成情况作为考核税务机关工作人员的主要依据。

综上所述,提出:

假设 3.4:税务机关稽查力度是影响企业税负黏性的一个重要原因,相比于稽查收入低的省份的上市公司,稽查收入高的省份的上市公司的企业税负黏性更高。

2)研究设计

a. 样本选取

本书以中国 A 股上市公司 2008~2017 年的相关数据作为样本。选取 2008 年以后的数据主要是因为 2008 年发生了全球金融危机,数据在 2008 年之前和 2008 年之后存在较大差异。由于 2018 年的税务稽查收入无法获得,因此,本书的样本数据截至 2017 年。

本书对样本数据做了以下处理:①剔除金融保险行业样本;②剔除被特殊处理(ST、PT[①])的企业;③删除存在缺失项的数据;④删除企业当期总税负小于 0 的样本。最终得到 16 174 个观测值。为了避免极端值对研究结果造成的影响,本书对所有连续变量在双侧 1%水平上进行了缩尾处理。

本书的税务机关税收稽查收入数据通过对历年《中国税务稽查年鉴》的分析手工收集,企业税负、营业收入及控制变量的相关数据均来源于 CSMAR 数据库。

b. 主要变量定义

第一,企业税负。

以往关于企业税负的研究中,Hanlon 和 Heitzman(2010)、刘行和叶康涛(2014)及王百强等(2018)采用"所得税费用-递延所得税费用"来衡量。我国是以流转税为主的税制结构,刘骏和刘峰(2014)也认为流转税是我国企业税负的重要组成部分。参考程宏伟和吴晓娟(2018)及白云霞等(2019)的研究,本书的因变量企业税负将流转税包含进来,用来衡量企业的总体税收负担。公式为"支付的各项税费-收到的税费返还+应交税费期末余额-应交税费期初余额"。

---

① ST,公司经营连续两年亏损,特别处理;PT,停止任何交易、价格清零、等待退市的股票。

第二，税收稽查收入。

为检验假设3.4，参考白云霞等（2019）的研究，本书以税收稽查收入比率来衡量税收稽查强度。定义"税收稽查收入=稽查查补收入+评估查补收入+滞纳金收入+罚款收入+清欠收入"，"税收稽查收入比率=省级税收稽查收入/省级税收收入"，分别得到国税税收稽查收入比率（PS）和地税税收稽查收入比率（PL）。省级税收收入使用历年《中国税务年鉴》中的各省税收收入数据（张宏翔和席丽娟，2018）。

第三，控制变量。

参考以往研究（Wu et al.，2007；刘骏和刘峰，2014；程宏伟和吴晓娟，2018；白云霞等，2019），本书控制了以下变量：企业规模（SIZE）；资本密集度（CAP）；存货密集度（INV）；销售毛利率（GPM）；资产负债率（LEV）；营利能力（ROA）；GDP 增长率（GDPG）；上一年度宏观税负（MB）；产权性质（SOE）。另外，本书同时控制了年度（YEAR）和行业（IND）虚拟变量。具体变量的定义见表 3.39。

表3.39　主要变量定义和说明（一）

变量名称	变量符号	变量说明
企业税负增长率	lnTB	当期企业税负与上期企业税负比值的自然对数
营业收入增长率	lnREV	当期营业收入与上期营业收入比值的自然对数
营业收入下降虚拟变量	D	当营业收入下降时，取值为1，否则为0
国税税收稽查收入比率	PS	当国税税收稽查收入比率高于本年度样本中位数时，取值为1，否则取值为0
地税税收稽查收入比率	PL	当地税税收稽查收入比率高于本年度样本中位数时，取值为1，否则取值为0
企业规模	SIZE	企业总资产的自然对数
资本密集度	CAP	期末固定资产净额与资产总额的比值
存货密集度	INV	期末存货净额与资产总额的比值
销售毛利率	GPM	（营业收入–营业成本）与营业收入的比值
资产负债率	LEV	期末负债总额与资产总额的比值
营利能力	ROA	期末净利润与平均资产总额的比值
GDP 增长率	GDPG	（本年 GDP–上年 GDP）与上年 GDP 的比值
上一年度宏观税负	MB	上一年度的省级税收收入与省级生产总值的比值
产权性质	SOE	当实际控制人为国有时，取值为1，否则为0

3）模型设计

a. 企业税负黏性

借鉴已有对成本黏性（胡华夏等，2017a，2017b；杜剑和于芝麦，2018）和税负黏性的检验方法（王百强等，2018；程宏伟和吴晓娟，2018），本书采用模型（3.11）对假设 3.3 进行检验。我们预期 β_2 小于 0，即企业营业收入下降时税负的减少量小于企业营业收入上升时税负的增加量。在 β_2 小于 0 的前提下，其绝对值越大，税负黏性的程度越大。

$$\ln TB_{i,t} = \beta_0 + \beta_1 \ln REV_{i,t} + \beta_2 D_{i,t} \times \ln REV_{i,t} + \sum YEAR + \sum IND + \varepsilon_{i,t} \qquad （3.11）$$

b. 税务机关税收稽查对企业税负黏性的影响

为了检验税务机关税收稽查对企业税负黏性的影响，借鉴王百强等（2018）及程宏伟和吴晓娟（2018）的研究，本书引入了交叉变量 $D \times \ln REV \times PS$ 和 $D \times \ln REV \times PL$，分别采用模型（3.12）和模型（3.13）进行验证。如果税收稽查会影响企业税负黏性，则交互项系数 β_3 显著为负。

第一，国税税收稽查收入比率与企业税负黏性。

$$\begin{aligned}
\ln TB_{i,t} = {} & \beta_0 + \beta_1 \ln REV_{i,t} + \beta_2 D_{i,t} \times \ln REV_{i,t} + \beta_3 D_{i,t} \times \ln REV_{i,t} \times PS_{i,t} + \beta_4 SIZE_{i,t} \\
& + \beta_5 CAP_{i,t} + \beta_6 INV_{i,t} + \beta_7 GPM_{i,t} + \beta_8 LEV_{i,t} + \beta_9 ROA_{i,t} \\
& + \beta_{10} GDPG_{i,t} + \beta_{11} MB_{i,t} + \beta_{12} SOE_{i,t} + \sum YEAR + \sum IND + \varepsilon_{i,t}
\end{aligned}$$

$$（3.12）$$

第二，地税税收稽查收入比率与企业税负黏性。

$$\begin{aligned}
\ln TB_{i,t} = {} & \beta_0 + \beta_1 \ln REV_{i,t} + \beta_2 D_{i,t} \times \ln REV_{i,t} + \beta_3 D_{i,t} \times \ln REV_{i,t} \times PL_{i,t} + \beta_4 SIZE_{i,t} \\
& + \beta_5 CAP_{i,t} + \beta_6 INV_{i,t} + \beta_7 GPM_{i,t} + \beta_8 LEV_{i,t} + \beta_9 ROA_{i,t} \\
& + \beta_{10} GDPG_{i,t} + \beta_{11} MB_{i,t} + \beta_{12} SOE_{i,t} + \sum YEAR + \sum IND + \varepsilon_{i,t}
\end{aligned}$$

$$（3.13）$$

4）实证结果及分析

a. 描述性统计分析

表 3.40 报告了本书主要变量的描述性统计的分析结果。企业税负变化均值为 3.760，说明 2008~2017 年我国上市公司的税负是逐年上升的；营业收入变化的均值为 65.010，说明上市公司的经营收入逐年上升，总体的营收状况良好；营业收入下降虚拟变量的均值为 0.290，表明样本公司中有 29% 的公司出现营业收入下降的情况；国税税收稽查收入比率和地税税收稽查收入比率的均值分别为 0.470 和 0.450，说明高于同年度国税或地税稽查收入中位数的公司占样本公司的比例分别为 47% 和 45%；GDP 增长率均值为 0.110，说明样本期间各省生产总值平均增长 11%；产权性质均值为 0.470，表明样本中大约有 47% 的企业为国有企业。

表3.40　主要变量描述性统计（一）

变量	观测值	均值	标准差	最小值	p25	中位数	p75	最大值
lnTB	16 174	0.120	0.680	−2	−0.180	0.100	0.390	2.700
lnREV	16 174	0.130	0.340	−0.950	−0.030	0.110	0.250	1.690
TB	16 174	3.760	9.360	0.020	0.380	0.970	2.690	68.500
REV	16 174	65.010	157.600	0.320	7.210	17.160	46.270	1103
D	16 174	0.290	0.460	0	0	0	1	1
PS	16 174	0.470	0.500	0	0	0	1	1
PL	16 174	0.450	0.500	0	0	0	1	1
SIZE	16 174	22.060	1.300	19.24	21.17	21.92	22.82	25.950
CAP	16 174	0.240	0.170	0	0.100	0.200	0.340	0.740
INV	16 174	0.160	0.160	0	0.060	0.120	0.200	0.760
GPM	16 174	0.270	0.170	−0.030	0.150	0.240	0.370	0.790
LEV	16 174	0.470	0.220	0.060	0.300	0.470	0.630	1.040
ROA	16 174	0.040	0.060	−0.190	0.010	0.040	0.070	0.230
GDPG	16 174	0.110	0.050	0	0.080	0.100	0.130	0.240
MB	16 174	0.090	0.040	0.040	0.070	0.080	0.100	0.190
SOE	16 174	0.470	0.500	0	0	0	1	1

b. 回归结果及分析

第一，企业税负黏性的检验。

表 3.41 报告了模型（3.11）的回归结果。表 3.41 第（1）列为企业税负黏性现象的检验结果。可以看到，$D \times \text{lnREV}$ 的系数（β_2）在 1%的置信水平上显著为负，说明我国上市公司普遍存在税负黏性现象，验证了假设 3.3。通过对回归系数的分析，我们发现，营业收入每增加 1%，企业税负约增加 1.019%；营业收入每下降 1%，企业税负约下降 0.759%（1.019%~0.260%）。

表3.41　主要回归结果

变量	$\text{lnTB}_{i,t}$		
	（1）	（2）	（3）
$\text{lnREV}_{i,t}$	1.019***	0.982***	0.982***
	（38.14）	（36.57）	（36.54）
$D_{i,t} \times \text{lnREV}_{i,t}$	−0.260***	−0.244***	−0.335***
	（−4.32）	（−3.53）	（−4.71）
$D_{i,t} \times \text{lnREV}_{i,t} \times \text{PS}_{i,t}$		−0.164**	
		（−2.03）	

续表

变量	lnTB$_{i,t}$		
	（1）	（2）	（3）
$D_{i,t} \times lnREV_{i,t} \times PL_{i,t}$			0.024 （0.29）
SIZE$_{i,t}$		−0.011** （−2.36）	−0.012** （−2.39）
CAP$_{i,t}$		0.072** （1.96）	0.071* （1.93）
INV$_{i,t}$		0.023 （0.48）	0.019 （0.40）
GPM$_{i,t}$		0.152*** （4.20）	0.152*** （4.20）
LEV$_{i,t}$		0.175*** （4.94）	0.175*** （4.94）
ROA$_{i,t}$		1.146*** （9.19）	1.147*** （9.18）
GDPG$_{i,t}$		0.029 （0.17）	0.029 （0.17）
MB$_{i,t}$		0.084 （0.69）	0.075 （0.60）
SOE$_{i,t}$		0.010 （0.89）	0.011 （0.98）
常数项	−0.019 （−0.30）	0.040 （0.34）	0.046 （0.39）
IND	Yes	Yes	Yes
YEAR	Yes	Yes	Yes
N	16 174	16 174	16 174
F 值	78.220	67.567	67.146
R^2	0.230	0.240	0.240

***、**和*依次表示在 1%、5%和 10%的置信水平上显著

注：括号内的数字为 t 值，回归结果基于稳健的标准误

　　第二，税务机关税收稽查对企业税负黏性影响的检验。

　　表 3.41 报告了税务机关税收稽查对企业税负黏性的影响的回归结果。第（2）列和第（3）列分别表示国税税收稽查收入比率和地税税收稽查收入比率对企业税负黏性的影响。可以看出，国税税收稽查收入比率对企业税负黏性存在显著影响，地税税收稽查收入比率对企业税负黏性的影响不显著。进一步分析发现，交叉变量 $D \times lnREV \times PS$ 的系数为−0.164，且在 5%的置信水平上显著，说明国税税收稽查收入比率是企业税负黏性存在的一个原因；交叉变量 $D \times lnREV \times PL$ 的系数为正，但不显著。地税税收稽查收入比率对企业税负黏性的影响不显著的原因可能

在于本书的企业税负用的是包含增值税的总体税负指标（支付的各项税费–收到的税费返还+应交税费期末余额–应交税费期初余额），同时，我国的税制以流转税为主，流转税中最主要的就是增值税，而增值税是由国税局征收的。企业规模的系数在5%的置信水平上显著为负，说明企业规模越大，企业税负的变化幅度越小；销售毛利率的系数在1%的水平上显著为正，说明企业营收状况与企业税负变化幅度负相关。

5）进一步研究

a. 股权异质性研究

从"政治成本假说"的角度来看，政企关系对企业税负也会产生一定的影响。Adhikari等（2006）利用马来西亚的数据，罗党论和杨玉萍（2013）及刘慧龙和吴联生（2014）利用我国上市公司的数据，都证明了政企关系有利于降低企业税负。程宏伟和吴晓娟（2018）及白云霞等（2019）认为，国有企业和政府具有天然的联系，往往税负较低。因此，本书预期国税税收稽查对企业税负黏性的影响在非国有企业中更显著。另外，国有企业承担着更多的社会责任（Wu et al.，2012），因此，在宏观经济形势不景气，企业营业收入下降时，为了保持国家的税收收入，国有企业可能承担更重的税负。所以，本书将分产权性质对企业税负黏性进行检验。

为了验证以上预期，参考吴联生（2009）、刘行和叶康涛（2014）、程宏伟和吴晓娟（2018）及白云霞等（2019）的研究，本书按最终控制人性质将样本分为国有企业（SOE=1）和非国有企业（SOE=0）两个子样本，分别对模型（3.11）和模型（3.12）进行回归。由于地税税收稽查收入比率对企业税负黏性影响不显著，因此，在这一部分中，只检验国税税收稽查对企业税负黏性的影响在国有企业和非国有企业两个子样本中是否存在差别及企业税负黏性在国有企业和非国有企业中是否存在差异。

表3.42报告了国有企业和非国有企业的回归结果。前两列报告了不同产权性质的企业的税负黏性程度。由表3.42可知，交互项 $D \times \ln REV$ 的系数分别为–0.452（SOE=1）和–0.252（SOE=0），组间系数检验的 p 值为0.0926，在1%的水平上显著，说明国有企业和非国有企业都存在税负黏性，产权性质的影响并不大。后两列报告了税务机关税收稽查对不同产权性质的企业的税负黏性的影响。可以看出，非国有企业的交互项 $D \times \ln REV \times PS$ 的系数在10%的置信水平上显著为负，在国有企业的样本中虽然为负但不显著，证明国税税收稽查对企业税负黏性的影响在非国有企业中更显著，验证了我们的预期。

表3.42　产权性质的检验

变量	$\ln TB_{i,t}$			
	国有企业 （SOE=1）	非国有企业 （SOE=0）	国有企业 （SOE=1）	非国有企业 （SOE=0）
$\ln REV_{i,t}$	1.051***	0.940***	1.052***	0.941***
	（25.21）	（26.60）	（25.23）	（26.61）
$D_{i,t} \times \ln REV_{i,t}$	−0.452***	−0.252***	−0.393***	−0.155*
	（−5.32）	（−3.01）	（−3.79）	（−1.67）
$D_{i,t} \times \ln REV_{i,t} \times PS_{i,t}$			−0.113	−0.206*
			（−1.02）	（−1.78）
$SIZE_{i,t}$	−0.017***	−0.006	−0.017***	−0.005
	（−2.82）	（−0.69）	（−2.82）	（−0.67）
$CAP_{i,t}$	0.100**	0.050	0.099**	0.055
	（2.15）	（0.83）	（2.13）	（0.92）
$INV_{i,t}$	0.045	−0.014	0.046	−0.008
	（0.62）	（−0.22）	（0.63）	（−0.12）
$GPM_{i,t}$	0.228***	0.101**	0.226***	0.104**
	（4.26）	（2.01）	（4.24）	（2.07）
$LEV_{i,t}$	0.185***	0.170***	0.186***	0.169***
	（3.85）	（3.31）	（3.86）	（3.30）
$ROA_{i,t}$	1.194***	1.062***	1.194***	1.060***
	（6.25）	（6.42）	（6.26）	（6.43）
$GDPG_{i,t}$	−0.056	0.195	−0.048	0.187
	（−0.24）	（0.72）	（−0.21）	（0.69）
$MB_{i,t}$	0.226	−0.053	0.225	−0.053
	（1.22）	（−0.32）	（1.21）	（−0.32）
常数项	0.050	0.024	0.047	0.017
	（0.31）	（0.13）	（0.29）	（0.09）
IND	Yes	Yes	Yes	Yes
YEAR	Yes	Yes	Yes	Yes
N	7 531	8 643	7 531	8 643
F 值	37.349	37.764	36.435	37.353
R^2	0.243	0.238	0.244	0.239

***、**和*依次表示在1%、5%和10%的置信水平上显著

注：括号内的数字为 t 值，回归结果基于稳健的标准误

b. 经济后果研究

税负黏性的存在是否会对企业的生产经营带来负面影响。参考王百强等（2018）的研究，将全样本分省份分年度对模型（3.11）进行回归，得到省份-年度子样本的交互项（$D \times \ln REV$）的回归系数 β_2。我们定义变量税负黏性 TAXSTICKY=$-\beta_2$，表示 t 年公司 i 所在省份的税负黏性程度，β_2 的值越大，表示税负黏性程度越高；根据王百强等（2018）和李艳妮等（2019）的研究，我们采用净利润增长率的变化 ΔQ 来衡量企业绩效。

税负黏性对企业绩效影响的回归结果见表 3.43。结果显示，税负黏性的系数

为负且在 1% 的水平上显著，表明税负黏性会对企业的经营活动产生负面影响，不利于企业的发展。因此，解决税负黏性问题对企业的发展尤为重要。

表3.43 经济后果检验

变量	$\Delta Q_{i,t}$
TAXSTICKY$_{i,t}$	−0.056***
	（−2.88）
SIZE$_{i,t}$	0.016
	（0.61）
CAP$_{i,t}$	0.120
	（0.62）
INV$_{i,t}$	0.365
	（1.45）
GPM$_{i,t}$	−0.330*
	（−1.77）
LEV$_{i,t}$	−0.206
	（−1.03）
ROA$_{i,t}$	4.809***
	（5.94）
SOE$_{i,t}$	0.066
	（1.23）
常数项	−2.032***
	（−3.35）
IND	Yes
YEAR	Yes
N	12 852
F 值	6.837
R^2	0.023

***和*依次表示在 1% 和 10% 的置信水平上显著

注：括号内的数字为 t 值，回归结果基于稳健的标准误

6）稳健性检验

虽然表 3.41 的回归结果证明，国税税收稽查收入比率能够显著影响企业税负黏性，但是这一结论可能存在内生性问题。为了解决这一问题，我们采用工具变量进行稳健性检验。参考程宏伟和吴晓娟（2018）及白云霞等（2019）的研究，本书使用同一区域内其他省份的 GDP 增长率作为税收稽查收入比率的工具变量。一方面，同一区域内其他省份的 GDP 增长率越高，可能会使本省更大幅度地超额完成税收任务，从而使税务机关加大税务稽查力度，导致税收稽查收入上升，因此该变量满足相关性要求；另一方面，其他省份的 GDP 增长率很难通过其他渠道直接影响本省企业的税收负担，因而该变量也满足外生性的要求。

根据国家统计局的划分，本书将全国划分为四大经济区域，即东北地区、东

部地区、中部地区及西部地区。分别计算出每年每个省所在区域中其他省份（不包括该省份）的年 GDP 增长率，作为国税税收稽查收入比率的工具变量。弱工具变量检验的 p 值小于 5%，表示该工具变量是有效的。

表 3.44 报告了工具变量法［2SLS（two stage least square，两阶段最小二乘法）］第二阶段的回归结果，由表 3.44 可以看出，交互项 $D \times \ln REV \times PS$ 的系数在 10%的水平上显著为负，和主回归结果保持一致。这证明本书的主回归结果是稳健的。

表3.44　工具变量法的回归结果

变量	lnTB
lnREV	0.983***
	（36.63）
$D \times \ln REV$	−0.094
	（−0.61）
$D \times \ln REV \times PS$	−0.468*
	（−1.66）
SIZE	−0.011**
	（−2.31）
CAP	0.074**
	（2.02）
INV	0.029
	（0.60）
GPM	0.152***
	（4.21）
LEV	0.174***
	（4.92）
ROA	1.144***
	（9.19）
GDPG	0.033
	（0.19）
MB	0.085
	（0.69）
SOE	0.008
	（0.74）
常数项	0.031
	（0.26）
IND	Yes
YEAR	Yes
N	16 174
p 值	0.000
R^2	0.239

***、**和*依次表示在 1%、5%和 10%的置信水平上显著

注：括号内的数字为 t 值，回归结果基于稳健的标准误

7）结论及建议

上述分析以中国 A 股上市公司 2008~2017 年的数据为样本进行研究，发现：①我国上市公司普遍存在税负黏性现象，即营业收入与企业税负存在非线性的变化；②由于本书衡量的是包括增值税在内的总体税负，因此国税税收稽查收入比率对企业税负黏性现象存在显著影响，地税税收稽查收入比率对企业税负黏性的影响不显著；③进一步研究发现，税收稽查收入比率对企业税负黏性的影响在非国有企业中更显著；④税负黏性对企业未来的生产经营活动产生负面影响，不利于企业未来的发展。

本书解释了我国减税政策落实到微观企业时其效果减弱的主要原因，即我国按计划征税的税收征管体制及以流转税为主的税制特征导致的企业税负黏性现象。2019 年我国启动了新一轮的减税政策，要使这一轮减税政策更好地传导到微观企业，本书提出以下几点建议：第一，在全球竞争加剧的情况下，创新已经成为经济发展的根本动力，但是企业创新过程中的风险较高，营业收入波动较大，企业税负黏性的存在会降低企业的抗风险能力。因此，本书认为应该进一步降低企业流转税税负，缓解企业的税负黏性，增强企业抵抗风险的能力。由于人才是影响企业创新的重要因素，在减税降费过程中可以进一步考虑人力资本的减税效应，更好落实国家创新驱动发展战略。第二，面临近几年经济下行压力加大的国内国际形势，本书认为要更高质量地落实"依法征税"，并且要改变"唯任务论"（白云霞等，2019）的对税务机关的税收任务完成程度的考核标准，明确税务局税收稽查的权力边界，加强税务机关税收信用体系建设（闫晴，2018），要把对税收任务完成程度的考核从"量"向"质"进行转变，尽量减少征收"过头税"，更好保护纳税人的合法权益。第三，本书发现，税务机关税收稽查对国有企业税负黏性的影响更显著，因而本书认为要进一步规范税收征管，促进国有企业和非国有企业之间的公平。

2. 柔性税收征管、企业社会责任与企业价值（杜剑，2020）

1）研究假设

税收是国家财政收入的主要来源。税务机关实施税收征管政策，对企业的报表等资料及资产等进行检查，对企业纳税行为进行监督，强制性分享企业利润，以保障国家税收收入，从这一角度来说，政府可视为企业一种特殊类型的股东。因此，税收征管是影响企业行为的重要外部因素。已有研究发现，一方面，税收征管（强制性）能够降低管理者与股东之间的代理成本，减少关联交易和大股东侵占行为，发挥公司治理作用，提升企业价值；另一方面，税收征管（强制性）还可能降低企业避税活动，增加企业"寻租"活动概率，加重企业的非生产性支出和"实际"税负水平，降低企业价值，发挥征税效应。

　　柔性税收征管与强制性税收征管都是国家为了保障税收收入而实行的税收政策，强制性税收征管主要通过"惩恶"的方式规范企业纳税行为，而柔性税收征管则通过"扬善"的方式激励企业规范纳税行为。相比于被税务机关进行税务检查的企业，被国家税务总局评为 A 级纳税信用的企业，具有以下几点好处：①向社会公众传递了企业良好声誉的信息；②税务机关为企业提供更为便利的纳税服务；③国家税务总局连同其他部委对企业实施联合激励措施，从项目审批、税收服务、财政资金使用、融资等方面给予41项政策优惠和绿色通道。因此，企业为了获得 A 级纳税信用的称号，一方面，可能会提高税收遵从度，规范纳税行为，减少避税活动，增加税收支出；另一方面，甚至可能会从事针对税务机关官员的"寻租"活动来增加企业纳税信用评级为 A 的机会，这虽然会减轻企业"名义"税负水平，但增加了企业的非生产性支出和"实际"税负水平，降低了企业价值。基于柔性税收征管的"税收效应"和"寻租效应"，本书认为纳税信用等级政策的实施可能会损害企业价值。因此，提出：

　　假设 3.5：柔性税收征管与企业价值负相关，纳税信用评级为 A 会降低企业价值。

　　学术界对企业社会责任如何影响企业价值仍然没有得出一致结论。Margolis 和 Walsh（2003）对 109 篇实证研究社会责任与企业价值关系的相关文献进行分析，发现 49.54%的文献证明了社会责任与企业价值正相关论，6.42%的文献则证明了负相关论，44.04%的文献证明了不相关或者非线性相关论。早期研究企业社会责任的学者认为承担社会责任会削弱企业市场竞争力，给企业价值带来负面影响。我国对企业社会责任如何影响企业价值的研究存在很大分歧，国外大部分研究证明承担企业社会责任不会对根据折现模型计算出来的企业价值产生影响，但是会提升企业的市场价值。

　　企业承担社会责任会增加现金流出，并且部分投资者认为管理层往往以履行社会责任为借口，牺牲股东利益，借此彰显自己的社会责任感，社会责任成为管理层的"自利工具"，导致投资者对这些企业持消极态度，不利于企业价值的提升。但是从利益相关者的角度来看，企业积极承担社会责任，在慈善捐赠和生态环境保护等方面表现良好，可以向社会传递公司声誉良好的信息，在社会上建立起良好的公司形象，增强利益相关者对企业的信任程度，塑造品牌形象，提高企业产品的市场占有率，产生差异化竞争优势，从而有利于企业价值的提升；同时，积极履行社会责任有利于企业吸引和留住创新人才，赢得创新资源，积累创新资本，提升创新水平，提升企业价值；另外，企业积极履行社会责任，能够促进会计稳健性，降低公司风险，吸引投资者的投资，提升现金持有价值，降低融资成本，缓解内外部融资约束，对企业价值产生积极影响。本书认为企业积极承担社会责任对企业价值产生的正向影响大于其负面影响，因此，提出：

假设 3.6：企业社会责任与企业价值正相关。

政府实行税收征管是为了保障国家税收收入，依法纳税是纳税人的基本社会责任。但是，纳税意味着会增加税收支出，减少企业留存利润，降低企业价值，因此，企业有动机进行避税活动。对于社会来说，企业避税减少了国家的财政收入，甚至可能导致收入分配的不公，与企业积极承担社会责任的要求相背离。同时，许多学者认同社会责任的"工具动机"，认为企业履行社会责任实际上是出于"利己主义"。

柔性税收征管通过"扬善"的方式激励企业提高纳税遵从度，主动或者被动减少逃税、避税活动，或者企业为了获得 A 级纳税信用等级，对税务人员进行"寻租"活动，这些都会导致企业实际支出的增加及税收负担的加重，不利于企业价值的提升。企业积极履行社会责任，在政府和社会公众面前建立了良好形象，在纳税信用评级时获得类似于"好孩子"的幸运机制，可能导致政府在综合评定企业纳税信用时放宽条件，增加获得较好纳税信用等级的概率。这样，企业通过积极承担社会责任建立的与政府的关系成为企业的一种关系资本。一方面，这种关系资本可能会减少企业的"寻租"活动；另一方面，由于与政府的良好关系在无形之中会成为企业的避税"防火墙"，降低企业避税被发现的概率，这种关系资本也可能增加企业的避税活动。同时，企业积极承担社会责任能够在公众中赢得社会声誉，社会声誉又可以减少税收规避带来的声誉损失风险。由此可见，通过积极承担社会责任，企业可能会减少"寻租"活动，从而减少现金流出；可能会增加避税活动，从而降低税收负担；也会对冲声誉损失风险，从而对企业产生积极影响。由此可见，企业社会责任可以影响柔性税收征管降低企业价值的传导路径，削弱柔性税收征管对企业价值的消极影响。因此，提出：

假设 3.7：企业社会责任在柔性税收征管与企业价值的关系中起到调节效应，削弱了柔性税收征管对企业价值的消极影响。

2）研究设计

a. 样本选择与数据来源

本书选取 2014~2018 年我国 A 股上市公司为原始样本。并对原始样本做了以下处理：①删除金融保险行业的样本；②删除样本期间被 ST、PT 的企业；③删除数据存在缺失的样本。最终得到 2 519 个观测值。为了避免极端值的影响，本书对所有连续变量在双侧 1%水平上进行了缩尾处理。

本书的纳税信用评级数据通过查询国家税务总局网站的纳税信用评级栏目手工收集，企业社会责任评分的数据来自润灵环球企业社会责任数据库，其他变量的相关数据均来源于 CSMAR 数据库。

b. 变量定义

第一，企业价值。目前衡量企业价值的方式主要有两种：一种是财务指标，如 ROA 或者 ROE；另一种是市场指标，如 TobinQ。本书参考张奇峰等（2017）和杜剑等（2021）的研究，使用 TobinQ 衡量企业价值，具体定义方式如下：

$$TobinQ = \frac{每股价格 \times 流通股股份数 + 每股净资产 \times 非流通股股份数 + 负债账面价值}{总资产}$$

第二，柔性税收征管。参考孙雪娇等（2019）及孙红莉和雷根强（2019）的研究，本书用纳税信用评级来衡量柔性税收征管。如果企业本年的纳税信用评级为 A，则将柔性税收征管变量（ A ）赋值为 1，否则赋值为 0。

第三，企业社会责任。目前在企业社会责任的实证研究中，部分文献根据样本企业年报中披露的社会责任信息进行评分，进而得出社会责任指数，还有一部分采用润灵环球企业社会责任数据库的企业社会责任评分。参考何音等（2020）的文献，本书采用润灵环球企业社会责任数据库公布的企业社会责任评分。

第四，控制变量。为了保证研究结论的可靠性，参考已有文献的研究，本书选取了可能影响企业价值的其他控制变量，如企业规模、资产负债率、企业成长性、经营活动净现金流、营利能力、第一大股东持股比例、独立董事比例、两职合一及产权性质。另外，本书同时控制了行业和年度虚拟变量。具体变量的定义如表 3.45 所示。

表3.45　主要变量定义和说明（二）

变量名称	变量符号	变量说明
被解释变量	TobinQ	企业价值=（每股价格×流通股股份数+每股净资产×非流通股股份数+负债账面价值）/总资产
解释变量	A	柔性税收征管：如果企业本年的纳税信用评级为 A，则赋值为 1，否则赋值为 0
调节变量	CSR	企业社会责任：润灵环球企业社会责任数据库公布的企业社会责任评分
控制变量	SIZE	企业规模=ln 总资产
	LEV	资产负债率=总负债/总资产
	GROWTH	企业成长性=（营业收入$_{t-1}$－营业成本$_{t-1}$）/营业收入$_{t-1}$
	CF	经营活动净现金流=经营活动产生的现金净流量/期初总资产
	ROA	营利能力=净利润/总资产
	TOP1	第一大股东持股比例=第一大股东人数/总股东人数
	INDEP	独立董事比例=独立董事人数/董事会人数
	DUAL	两职合一：如果董事长和总经理由同一人担任，则赋值为 1，否则赋值为 0
	SOE	产权性质：当样本企业的实际控制人为国有时，取值为 1，否则为 0
	IND	行业虚拟变量
	YEAR	年度虚拟变量

c. 模型设计

为了检验上述研究假设，本书构建如下模型：

$$
\begin{aligned}
\text{Tobin}Q_{i,t} = {} & \alpha_0 + \alpha_1 A_{i,t} + \alpha_2 \text{SIZE}_{i,t} + \alpha_3 \text{LEV}_{i,t} + \alpha_4 \text{GROWTH}_{i,t} + \alpha_5 \text{CF}_{i,t} \\
& + \alpha_6 \text{ROA}_{i,t} + \alpha_7 \text{TOP1}_{i,t} + \alpha_8 \text{INDEP}_{i,t} + \alpha_9 \text{DUAL}_{i,t} + \alpha_{10} \text{SOE}_{i,t} \\
& + \sum \text{YEAR} + \sum \text{INDUSTRY} + \varepsilon_{i,t}
\end{aligned}
$$

$$(3.14)$$

针对假设 3.5，建立模型（3.14）来检验柔性税收征管与企业价值的关系。如果柔性税收征管的系数 α_1 为负，则证明评为 A 级纳税信用的企业减少了逃、避税活动，从事针对税务人员的"寻租"活动，增加现金流出，加重税收负担，导致企业价值的降低。

$$
\begin{aligned}
\text{Tobin}Q_{i,t} = {} & \beta_0 + \beta_1 \text{CSR}_{i,t} + \beta_2 \text{SIZE}_{i,t} + \beta_3 \text{LEV}_{i,t} + \beta_4 \text{GROWTH}_{i,t} + \beta_5 \text{CF}_{i,t} \\
& + \beta_6 \text{ROA}_{i,t} + \beta_7 \text{TOP1}_{i,t} + \beta_8 \text{INDEP}_{i,t} + \beta_9 \text{DUAL}_{i,t} + \beta_{10} \text{SOE}_{i,t} \\
& + \sum \text{YEAR} + \sum \text{INDUSTRY} + \varepsilon_{i,t}
\end{aligned}
$$

$$(3.15)$$

针对假设 3.6，建立模型（3.15）研究企业社会责任与企业价值的关系。如果企业社会责任的系数 β_1 显著为正，说明企业社会责任能够提升企业价值，假设 3.6 得证。

$$
\begin{aligned}
\text{Tobin}Q_{i,t} = {} & \lambda_0 + \lambda_1 A_{i,t} + \lambda_2 \text{CSR}_{i,t} + \lambda_3 A\text{CSR}_{i,t} + \lambda_4 \text{SIZE}_{i,t} + \lambda_5 \text{LEV}_{i,t} \\
& + \lambda_6 \text{GROWTH}_{i,t} + \lambda_7 \text{CF}_{i,t} + \lambda_8 \text{ROA}_{i,t} + \lambda_9 \text{TOP1}_{i,t} + \lambda_{10} \text{INDEP}_{i,t} \\
& + \lambda_{11} \text{DUAL}_{i,t} + \lambda_{12} \text{SOE}_{i,t} + \sum \text{YEAR} + \sum \text{INDUSTRY} + \varepsilon_{i,t}
\end{aligned}
$$

$$(3.16)$$

针对假设 3.7，在模型（3.16）中加入了柔性税收征管和企业社会责任的交乘项（ACSR）来检验企业社会责任在柔性税收征管与企业价值的关系中所起的调节效应。如果交互项系数 λ_3 显著为正，则证明了假设 3.7。

3）实证结果及分析

a. 描述性统计分析

本书主要变量的描述性统计如表 3.46 所示。企业价值（Tobin$Q$）的标准差为 1.240，说明样本企业的企业价值相差不大；柔性税收征管（A）的平均值是 0.620，说明样本企业中大约有 62% 的企业在样本期间的纳税信用评级为 A；企业社会责任的标准差为 11.73，说明样本企业的企业社会责任得分存在较大差别；经营活动净现金流最小值为 -0.180，表明有些样本企业经营活动产生的现金净流量为负值；两职合一的均值为 0.190，说明有 19% 的样本企业的董事长和总经理由同一人担任；产权性质的均值为 0.600，说明样本企业中有 60% 是国有企业。

表3.46 主要变量描述性统计（二）

变量	观测值	均值	标准差	最小值	p25	p50	p75	最大值
TobinQ	2 519	2.020	1.240	0.900	1.210	1.620	2.330	7.970
A	2 519	0.620	0.490	0	0	1	1	1
CSR	2 519	42.01	11.73	20.94	33.58	39.48	48.25	77.68
SIZ	2 519	23.21	1.410	20.55	22.18	23.07	24.08	27.15
LEV	2 519	0.480	0.200	0.070 0	0.330	0.490	0.630	0.880
GROWTH	2 519	0.150	0.340	−0.430	−0.020 0	0.090 0	0.240	2.090
CF	2 519	0.060 0	0.080 0	−0.180	0.020 0	0.060 0	0.110	0.330
ROA	2 519	0.040 0	0.050 0	−0.130	0.010 0	0.030 0	0.060 0	0.200
TOP1	2 519	37.53	15.51	9.330	25.21	36.42	48.97	77.05
INDEP	2 519	0.380	0.050 0	0.330	0.330	0.360	0.430	0.570
DUAL	2 519	0.190	0.390	0	0	0	0	1
SOE	2 519	0.600	0.490	0	0	1	1	1

b. 相关性分析

本书的 Pearson 相关性分析如表 3.47 所示：柔性税收征管与企业价值负相关，初步证明了假设 3.5；企业社会责任与企业价值显著相关，说明企业承担社会责任能够对企业价值产生影响。VIF 小于 10，说明变量之间不存在严重的多重共线性。

表3.47 主回归结果

变量	TobinQ		
	（1）	（2）	（3）
A	−0.078**		−0.499***
	（−1.97）		（−3.18）
CSR		0.004**	−0.002
		（2.44）	（−0.58）
ACSR			0.010***
			（3.04）
SIZE	−0.368***	−0.389***	−0.385***
	（−18.26）	（−17.43）	（−17.42）
LEV	−0.650***	−0.621***	−0.638***
	（−3.43）	（−3.27）	（−3.37）
GROWTH	0.008	0.008	0.001
	（0.15）	（0.14）	（0.02）
ROA	5.688***	5.645***	5.692***
	（8.04）	（7.95）	（8.06）
TOP1	−0.001	−0.001	−0.001
	（−0.52）	（−0.67）	（−0.61）

变量	TobinQ		
	（1）	（2）	（3）
INDEP	1.129***	1.187***	1.196***
	（3.18）	（3.34）	（3.38）
DUAL	−0.046	−0.038	−0.049
	（−0.86）	（−0.73）	（−0.93）
SOE	0.096**	0.099**	0.087*
	（1.99）	（2.06）	（1.81）
常数项	10.555***	10.810***	11.004***
	（23.10）	（22.86）	（22.72）
行业	Yes	Yes	Yes
年份	Yes	Yes	Yes
N	2 519	2 519	2 519
F值	43.302	43.401	41.448
R²	0.450	0.450	0.453

***、**和*依次表示在1%、5%和10%的置信水平上显著

注：括号内的数字为 t 值，回归结果基于稳健的标准误

c. 回归结果及分析

表3.47第（1）列报告了模型（3.14）柔性税收征管与企业价值关系的回归结果。柔性税收征管与企业价值在5%的显著性水平上为负相关关系，说明纳税信用评级为A导致企业减少逃税、避税行为，增加"寻租"活动，造成企业实际支出的增加，降低企业价值。第（2）列报告了模型（3.15）企业社会责任与企业价值关系的回归结果。企业社会责任与企业价值正相关且在5%的置信水平上显著，证明企业承担社会责任的收益大于成本，企业社会责任评分越高，企业价值越大。第（3）列报告了模型（3.16）柔性税收征管、企业社会责任与企业价值关系的回归结果。柔性税收征管与企业价值负相关且在1%的水平上显著，柔性税收征管与企业社会责任的交互项的系数在1%的水平上显著为正，说明企业社会责任削弱了柔性税收征管对企业价值的负面效应，证明了假设3.7。

控制变量中，企业规模的系数在1%的水平上显著为负，说明企业规模越大，企业价值越低；资产负债率与企业价值负相关且在1%的水平上显著，说明资产负债率越高，企业价值越低；营利能力与企业价值显著正相关，说明企业营利能力越强，企业价值越高；独立董事比例与企业价值显著正相关，说明独立董事占董事会总人数的比例越大，越有利于企业价值的提升，证明了独立董事的监督作用；产权性质与企业价值显著正相关，说明国有企业的价值显著高于非国有企业。

4）进一步研究

a. 企业社会责任应规披露与自愿披露研究

2008 年底，上海证券交易所和深圳证券交易所分别发布了《关于做好上市公司 2008 年年度报告工作的通知》，分别要求上证公司治理板块、发行境外上市外资股及金融类上市公司、深证 100 指数范围内的成分股公司应当披露社会责任报告，同时鼓励其他上市公司自愿披露。企业出于合法性、经济性和伦理性三种动机选择应规或者自愿披露社会责任信息，这两种披露方式对企业的影响存在差异，陈国辉等（2018）通过研究发现，应规披露和自愿披露社会责任报告对盈余管理的影响存在显著不同。本书进一步探究在这两种情况下，柔性税收征管对企业价值、企业社会责任对企业价值及企业社会责任在柔性税收征管影响企业价值关系中所起的作用是否存在差别。

回归结果如表 3.48 所示，柔性税收征管与企业价值负相关，企业社会责任与企业价值正相关，柔性税收征管和企业社会责任交互项的系数为正，但是在应规披露的样本组中，三者系数显著，在自愿披露的样本组中，三者系数不显著。这说明应规披露与自愿披露对企业价值的影响存在差别，可能原因是应规披露社会责任信息的企业通常公司治理水平较高，外部审计较为严格，受到的管制压力较大，因此对企业价值的影响更为显著。

表3.48　企业社会责任应规披露与自愿披露回归结果

变量	TobinQ					
	应规披露	自愿披露	应规披露	自愿披露	应规披露	自愿披露
A	−0.103**	−0.078			−0.414**	−0.341
	（−1.98）	（−1.30）			（−2.10）	（−1.20）
CSR			0.005***	0.002	0.001	−0.001
			（2.75）	（0.72）	（0.39）	（−0.22）
ACSR					0.007*	0.006
					（1.85）	（0.98）
SIZE	−0.339***	−0.533***	−0.369***	−0.545***	−0.367***	−0.540***
	（−13.45）	（−14.10）	（−12.83）	（−14.00）	（−12.87）	（−13.96）
LEV	−0.834***	−0.287	−0.809***	−0.266	−0.808***	−0.295
	（−2.73）	（−1.18）	（−2.65）	（−1.09）	（−2.65）	（−1.21）
GROWTH	0.134*	−0.005	0.124	−0.000	0.121	−0.007
	（1.67）	（−0.07）	（1.54）	（−0.00）	（1.50）	（−0.09）
ROA	6.151***	4.722***	6.074***	4.664***	6.105***	4.726***
	（5.65）	（5.17）	（5.58）	（5.07）	（5.59）	（5.18）
TOP1	−0.002	0.002	−0.002	0.002	−0.002	0.002
	（−0.94）	（0.97）	（−0.97）	（0.86）	（−1.02）	（0.92）
INDEP	0.684*	1.483***	0.756*	1.522***	0.758*	1.539***
	（1.66）	（2.59）	（1.86）	（2.62）	（1.85）	（2.65）
DUAL	0.126	−0.194***	0.128*	−0.182**	0.122	−0.191***
	（1.64）	（−2.64）	（1.66）	（−2.53）	（1.56）	（−2.63）

续表

变量	TobinQ					
	应规披露	自愿披露	应规披露	自愿披露	应规披露	自愿披露
SOE	-0.041	0.146*	-0.045	0.157**	-0.054	0.143*
	(-0.64)	(1.96)	(-0.71)	(2.10)	(-0.85)	(1.87)
常数项	10.644***	13.615***	10.997***	13.737***	11.197***	13.822***
	(16.07)	(16.80)	(15.95)	(17.02)	(15.89)	(16.79)
行业	Yes	Yes	Yes	Yes	Yes	Yes
年份	Yes	Yes	Yes	Yes	Yes	Yes
N	1 320	1 199	1 320	1 199	1 320	1 199
p 值	0.000	0.000	0.000	0.000	0.000	0.000
R^2	0.497	0.462	0.497	0.461	0.500	0.463

***、**和*依次表示在1%、5%和10%的置信水平上显著
注：括号内的数字为 t 值，回归结果基于稳健的标准误

b. 产权异质性

产权性质是研究我国资本市场不可忽视的重要制度背景，国有企业与政府具有天然的"血缘关系"，非国有企业与政府的关系相对疏远。政府庇护理论指出，国有企业在税收征管方面会受到政府的庇护，可能更容易获得 A 级纳税信用评级结果，而且国有企业不仅具有经济职能，还承担着服务国家战略等社会责任目标。阳杰等（2020）指出国有企业进行避税活动的动机较弱，并且国有企业本身就在社会活动方面起到了表率作用，因此，企业社会责任对国有企业的影响较小。

产权异质性的回归结果如表 3.49 所示，柔性税收征管对企业价值的影响在国有企业组和非国有企业组不存在显著区别，可能是因为样本时间跨度（2014~2017年）较短，样本量较少；在非国有企业组，企业社会责任与企业价值正相关且在10%的水平上显著，柔性税收征管与企业社会责任交互项的系数为正且在 5%的置信水平上显著；在国有企业组，企业社会责任对企业价值的影响及柔性税收征管与企业社会责任交互项的系数都不显著。这说明由于天然的政治联系，企业社会责任对国有企业价值的影响及其在柔性税收征管与企业价值的关系中所起的调节效应也不显著。

表3.49　产权异质性回归结果

变量	TobinQ					
	（1）(SOE=1)	（2）(SOE=0)	（3）(SOE=1)	（4）(SOE=0)	（5）(SOE=1)	（6）(SOE=0)
A	-0.062	-0.123			-0.294	-0.916***
	(-1.42)	(-1.64)			(-1.59)	(-2.72)
CSR			0.002	0.007*	-0.000	-0.006
			(1.43)	(1.90)	(-0.15)	(-0.83)

续表

变量	TobinQ					
	（1） （SOE=1）	（2） （SOE=0）	（3） （SOE=1）	（4） （SOE=0）	（5） （SOE=1）	（6） （SOE=0）
ACSR					0.005 （1.45）	0.020** （2.50）
SIZE	−0.346*** （−14.25）	−0.386*** （−10.22）	−0.360*** （−13.64）	−0.418*** （−10.03）	−0.357*** （−13.61）	−0.413*** （−10.05）
LEV	−0.728*** （−3.05）	−0.587* （−1.80）	−0.711*** （−2.97）	−0.535 （−1.64）	−0.726*** （−3.03）	−0.563* （−1.74）
GROWTH	0.023 （0.35）	−0.000 （−0.00）	0.022 （0.34）	−0.001 （−0.01）	0.020 （0.30）	−0.004 （−0.04）
ROA	4.512*** （4.79）	7.203*** （6.68）	4.480*** （4.76）	7.200*** （6.62）	4.498*** （4.76）	7.219*** （6.79）
TOP1	−0.002 （−1.49）	0.003 （1.24）	−0.002 （−1.56）	0.003 （1.15）	−0.002 （−1.57）	0.003 （1.30）
INDEP	0.308 （0.79）	1.921*** （2.99）	0.364 （0.94）	2.010*** （3.10）	0.340 （0.87）	2.083*** （3.24）
DUAL	−0.131* （−1.83）	0.005 （0.06）	−0.128* （−1.79）	0.021 （0.28）	−0.136* （−1.88）	0.005 （0.07）
常数项	10.537*** （17.91）	10.341*** （12.52）	10.690*** （17.93）	10.675*** （12.56）	10.780*** （17.63）	11.129*** （12.44）
行业	Yes	Yes	Yes	Yes	Yes	Yes
年份	Yes	Yes	Yes	Yes	Yes	Yes
N	1 508	1 011	1 508	1 011	1 508	1 011
F 值	27.655	22.165	27.874	21.741	26.137	21.411
R^2	0.447	0.465	0.447	0.465	0.449	0.472

***、**和*依次表示在 1%、5%和 10%的置信水平上显著

注：括号内的数字为 t 值，回归结果基于稳健的标准误

c. 稳健性检验

参照以往研究，我们采用更换企业价值的衡量方法对上文的研究结果进行稳健性检验。我们定义企业价值如下：

$$TobinQ = \frac{每股价格 \times 流通股股份数 + 每股净资产 \times 非流通股股份数 + 负债账面价值}{总资产 - 无形资产 - 商誉净值}$$

如表 3.50 所示，回归结果不变，本书的研究结论依然成立。

表3.50 替换变量衡量方式回归结果

变量	TobinQ		
	（1）	（2）	（3）
A	−0.101** （−2.20）		−0.668*** （−3.77）

续表

变量	TobinQ		
	（1）	（2）	（3）
CSR		0.004**	−0.004
		（2.08）	（−1.21）
ACSR			0.013***
			（3.67）
SIZE	−0.397***	−0.419***	−0.413***
	（−17.16）	（−16.24）	（−16.20）
LEV	−0.776***	−0.745***	−0.767***
	（−3.65）	（−3.48）	（−3.61）
GROWTH	0.169**	0.169**	0.160**
	（2.27）	（2.27）	（2.16）
ROA	5.762***	5.707***	5.767***
	（7.41）	（7.31）	（7.44）
TOP1	−0.002*	−0.003*	−0.003*
	（−1.70）	（−1.84）	（−1.78）
INDEP	1.175***	1.238***	1.252***
	（2.90）	（3.05）	（3.10）
DUAL	0.026	0.034	0.020
	（0.41）	（0.55）	（0.32）
SOE	0.058	0.064	0.048
	（1.08）	（1.20）	（0.90）
常数项	11.399***	11.644***	11.905***
	（22.49）	（22.10）	（22.11）
行业	Yes	Yes	Yes
年份	Yes	Yes	Yes
N	2 519	2 519	2 519
F 值	44.334	44.356	42.430
R^2	0.444	0.444	0.448

***、**和*依次表示在 1%、5%和 10%的置信水平上显著

注：括号内的数字为 t 值，回归结果基于稳健的标准误

5）研究结论与建议

本书利用中国 A 股上市公司 2014~2017 年的数据为研究对象，在前人研究的基础上，提出假设并建立回归模型，研究柔性税收征管、企业社会责任和企业价值之间的关系，得出以下结论和建议。

第一，柔性税收征管与企业价值为负相关关系，纳税信用评级为 A 反而不利于企业价值的提高。企业为了评级为 A，可能进行针对税务机关工作人员的"寻租"活动。因此，未来税务机关在进行纳税信用评级的过程中可以适当引用第三方评级机构的评级作为参考，进一步保证评级的客观公正。目前国家税务总局只公布纳税信用评级为 A 的企业名单，公众评价企业的纳税行为基本上呈现"一刀

切" 的情况，要么纳税信用好，要么纳税信用差，这不利于激励企业更好地合理纳税，未来可以进一步提高信息披露程度，更详细地披露纳税信用等级，逐步向社会公众公布纳税信用评级为 B、C、D 及 M 级的企业名单，以此更好地评价企业的纳税信用。

第二，企业社会责任能够调节柔性税收征管与企业价值的关系，削弱柔性税收征管对企业价值的消极影响。因此，企业要积极承担并履行社会责任，为企业价值的提升奠定信誉基础。

第三，进一步研究发现，在应规披露和非国有企业组中，企业社会责任在柔性税收征管与企业价值的关系中所起的调节效应显著，在自愿披露和国有企业组中，企业社会责任在柔性税收征管与企业价值的关系中不存在显著的调节效应。因此，未来可以进一步完善社会责任信息披露方式，对披露高质量社会责任信息的企业给予一定的表彰与奖励，以提升投资者对社会责任信息的信任度。

第4章　宏观层面"营改增"政策对企业区域竞争力影响的分析

"营改增"政策可以作用于经济体系中的微观主体，即对企业的行为产生影响而影响企业的产出水平，进而影响企业在所处区域的竞争能力。因此，本章首先从宏观理论模型进行分析，"营改增"政策如何影响企业在所处区域的竞争力。

4.1　宏观层面"营改增"政策对企业区域竞争力影响的理论分析

理论分析中主要包含四类经济个体，即大型企业、中间服务者、最终服务者企业、税务机关。"营改增"后，大型服务企业只是在最终产品分享生产者的净利润，税务机关一次性征收增值税（假定增值税率不变）。以购买政府债券的形式储蓄，以服务投资品的方式积累物质资本，并将物质资本转换为有效资本，租借给处于垄断竞争市场中的中间品服务者。

4.1.1　大型企业

假设企业的效用主要由两方面构成，一是维持大型企业员工生活消费的成本，二是大型企业服务输出的成本。因此，大型企业效用函数如下所示：

$$U(C_t, L_t) = \varepsilon_{C,t} \left\{ \log(C_t - hC_{t-1}) - \frac{\theta}{1+\sigma_L} (L_t)^{1-\sigma_L} \right\}$$

其中，C_t 表示大型企业员工居民 t 期的消费成本；L_t 表示大型企业的服务输出成本；h 表示消费惯性印章；σ_L 表示服务输出弹性的倒数；$\varepsilon_{C,t}$ 表示消费者偏好冲击。

大型企业的预算约束条件为

$$C_t + I_t + B_t + T_t + \kappa(v_t)\bar{K}_{t-1} \leqslant (W_t / P_t)L_t + \Lambda_t + \Phi_t + R_{t-1}B_{t-1} + (R_{k,t} / P_t)v_t\bar{K}_{t-1}$$

其中，$\kappa(v_t)$ 表示有效资本的单位服务成本；W_t 表示居民在 t 时期所获得实际工资；Λ_t 表示领导型服务企业根据资本市场证券的收益来调整的收入；Φ_t 表示领导型服务企业索取中间产品净利润中获得部分利润；B_t 表示债券持有量；R_{t-1} 表示 $t-1$ 期政府债券利率；I_t 表示代表性家庭在 t 期的投资水平；$R_{k,t}$ 表示名义资本价格；T_t 表示政府的税收收入，其他变量定义同上。

进一步根据资本利率水平 v_t 与资本量 $\bar{K}_t$ 得到有效资本 K_t，如下所示：

$$K_t = v_t \times \bar{K}_{t-1}$$

上式中的资本存量 $\bar{K}_t$ 满足如下形式：

$$\bar{K}_t = (1-\delta) \times \bar{K}_{t-1} + \varepsilon_{i,t} \times [1 - S \times (I_t / I_{t-1}) \times I_t]$$

其中，$\varepsilon_{i,t}$ 表示投资冲击；$S(\cdot)$ 表示投资调整成本函数；δ 表示资本折旧率，其他变量同上。

4.1.2　最终服务者企业

在由大型企业所掌控的"金字塔"形服务分工网络末端处于完全竞争的最终服务市场中，其最终服务者的服务函数为

$$Y_t = \left(\int_0^1 Y_{i,t}^{1/\varepsilon_{p,t}} di \right)^{\varepsilon_{p,t}}$$

其中，$Y_{i,t}$ 表示总服务收入，即市场中的中间服务市场竞争程度；$\varepsilon_{p,t}$ 表示价格加成比例。根据大型企业的生产函数，构建最终服务者企业的利润函数，则最终产品企业利润最大化的一阶条件为

$$Y_{i,t} = (P_{i,t} / P_t)^{\frac{-\varepsilon_{p,t}}{\varepsilon_{p,t}-1}} Y_t$$

根据完全竞争市场的长期均衡条件可知，厂商的经济利润为 0，因此，总价格水平可以表示为

$$P_t = \left(\int_0^1 P_{i,t}^{\frac{1}{\varepsilon_{p,t}-1}} di \right)^{(\varepsilon_{p,t}-1)}$$

4.1.3　中间服务者

在"金字塔"形服务分工网络市场中，中间服务者 i 的服务函数为

$$Y_{i,t} = \max \left\{ (A_t L_{i,t})^{\alpha} K_{i,t}^{\beta} - A_t F, 0 \right\}$$

其中，α 表示服务劳动的产出份额；β 表示资本的产出份额，且 $\alpha + \beta = 1$；A_t 表示差异性的技术性服务；F 表示固定资产。后文的最优决策研究均是在满足此条件的情况下进行决策分析的。由大型服务企业所掌控的"金字塔"形服务分工网络市场中，中间服务者采取的最优决策原则是成本最小化，收益最大化。

假定中间服务者所面临的工资率和劳动的边际成本相同，则中间服务者总成本最小化为

$$\min_{L_t, K_{t-1}} W_t L_{i,t} - R_{k,t} K_{i,t}$$

收益流的折现值最大化为

$$\max_{p_{t,j}^*} \left[\left(P_t^* - \mathrm{MC}_t \right) \cdot \left(Y_{i,t} / P_t \right) \right]$$

其中，MC_t 表示边际成本，其他变量含义同上。

4.1.4　税务机关

由地方税务机关征收的营业税收为

$$R_{\varsigma} = \sum_{i=1}^{n} y_i \varsigma$$

由国家税务总局向最终服务企业征收服务收入增值税的税收为

$$R_{\tau} = Y \cdot \tau$$

其中，$Y = \sum_{i=1}^{n} y_i$，因此，"营改增"后税负变化为

$$\Delta\tau = \frac{Y\tau - \sum_{i=1}^{n} G_i \tau - \sum_{i=1}^{n} y_i \varsigma}{Y} = \tau - \varsigma - \frac{\sum_{i=1}^{n} G_i \tau}{Y} = \tau \left(1 - \frac{\sum_{i=1}^{n} G_i}{Y} \right) - \varsigma$$

其中，G_i 表示企业第 i 个购进可以获得增值税抵扣的原材的价值；y_i 表示第 i 个企

业服务收入；τ 表示企业税负；ς 表示营业税税率。

4.1.5　企业区域竞争力

企业竞争力主要基于企业规模、企业增长性和企业生产效率三个方面进行衡量，然而不管是规模、增长性还是生产效率最终都落脚在企业的产出水平上，因此，对于企业区域竞争力，本书通过该企业的总产出水平占该地区生产总值的比重来进行刻画，具体如下所示：

$$RCE = \frac{P_i Y_i}{FGDP}$$

其中，FGDP 表示该企业所处地区的生产总值；RCE 表示企业当期的收入水平与企业所处地区生产总值的比值，即企业的区域竞争力，RCE 值越大，说明该企业的总产出占企业所处地区生产总值的比重越大，说明该企业的区域竞争力越强；反之，该企业的区域竞争力越弱。

4.2　宏观层面"营改增"政策对企业区域竞争力影响的实证分析

4.2.1　数据来源

本书选取 2010~2019 年的 A 股上市公司作为初始研究样本，此外，对数据做了与前文相同的处理。上市公司的经营范围和主要财务数据分别来源于 Wind 数据库和 CSMAR 数据库，宏观经济数据来源于《中国统计年鉴》。

4.2.2　变量定义

（1）被解释变量。企业竞争力（comp）。本书借鉴金碚（2003）提出的企业竞争力监测体系。该体系主要是基于规模能力、增长性及效率性三个方面来衡量企业竞争力，具体测算过程第 3 章已经详细介绍。

（2）地区层面的"营改增"政策（policy）。参考陈钊和王旸（2016）的做法，根据财政部、国家税务总局实施的财税〔2013〕37 号、财税〔2013〕106 号、财税〔2014〕43 号和财税〔2016〕36 号政策文件，考虑到政策的实施具有一定的滞后性，因此我们将后半年纳入试点的企业的政策实施年份推迟一年，如果某家企业被纳入"营改增"试点，policy 取值为 1，否则为 0。

（3）控制变量。参考 Claessens 等（2002）、Yermack（1996）及王桂军和曹平（2018）的研究，从公司治理层、财务状况、财务成果及宏观经济等方面选取了一系列控制变量，具体包括企业规模、企业负债水平、资产收益率、企业年龄、现金持有、企业成长性、资本支出比例、董事会规模、董事长与总经理兼任、董事会独立性等。宏观层面控制变量包含地区生产总值和 CPI（consumer price index，消费者物价指数）。

4.2.3　模型构建

2012 年中国实施的"营改增"试点是外生于企业行为的政策，是一个准自然实验。这次"试点"并非"一刀切"的政策，而是分时点、分行业逐步推进的。本书借鉴周玉龙等（2018）的研究，构建如下模型：

$$Y_{i,t} = \alpha + \beta \mathrm{policy}_{i,t} + \gamma \mathrm{convars}_{i,t} + \delta_t + \varphi_i + \varepsilon_{i,t} \qquad （4.1）$$

其中，企业竞争力 Y 为被解释变量，分别为企业竞争力综合得分、技术进步、全要素生产率、技术效率、纯技术效率、规模效率；$\mathrm{policy}_{i,t}$ 表示地区 i 在第 t 年被纳入"营改增"试点，如果地区 i 在第 t 年被纳入"营改增"试点，则第 t 年之前的 $\mathrm{policy}_{i,t}$ 为 1，否则取值为 0；convars 表示企业的控制变量，包括企业规模、资产负债率、企业成长性、资本支出比例、固定资产占比及董事会成员的信息等；δ_t 表示年份固定效应；φ_i 表示个体固定效应；$\varepsilon_{i,t}$ 表示随机误差项。

4.2.4　实证分析

表 4.1 汇报了区域层面"营改增"政策对企业竞争力的影响，第（1）列到第（6）列分别表示区域层面"营改增"政策对企业竞争力综合得分、技术进步、全要素生产率、技术效率、纯技术效率、规模效率的影响结果。第（1）列结果显示，区域层面"营改增"政策对企业竞争力综合得分有显著的正向影响，说明该地区

实施"营改增"政策有利于促进企业的区域竞争力。第（2）列、第（3）列、第（4）列和第（6）列结果显示，区域层面"营改增"政策对技术进步、全要素生产率、技术效率和规模效率的影响均不显著，则没有证据支持"营改增"政策能够促进企业区域竞争力。第（5）列结果显示，"营改增"政策对纯技术效率有显著的正向影响，说明"营改增"政策提高了该地区企业的纯技术效率，从而有利于提升企业的区域竞争力。

表4.1　区域层面"营改增"政策对企业竞争力的影响

变量	（1）comp	（2）techch	（3）tfpch	（4）effch	（5）pech	（6）sech
policy	0.081 4*** (3.623 4)	0.007 8 (1.205 4)	0.214 5 (0.262 3)	0.243 1 (0.256 6)	0.027 3*** (2.739 6)	0.227 3 (0.233 7)
size	0.255 5*** (62.636 1)	0.001 3 (1.135 7)	0.020 3 (0.136 6)	0.027 8 (0.161 6)	0.002 3 (1.288 5)	0.030 5 (0.172 6)
lev	−0.688 3*** (−27.475 9)	0.022 1*** (3.072 9)	0.587 8 (0.644 9)	0.675 8 (0.640 0)	0.000 7 (0.060 1)	0.698 8 (0.644 5)
age	0.035 8** (2.031 7)	0.024 4*** (4.821 7)	−0.030 4 (−0.047 4)	0.001 8 (0.002 4)	0.073 1*** (9.366 0)	−0.046 3 (−0.060 6)
cash	0.244 8*** (6.749 3)	−0.225 1*** (−21.580 8)	0.837 7 (0.634 8)	1.099 5 (0.719 0)	−0.151 6*** (−9.440 6)	1.047 1 (0.667 0)
growth	0.000 7 (1.401 8)	−0.000 8*** (−6.284 7)	0.067 8*** (4.016 7)	0.078 6*** (4.022 3)	−0.000 3 (−1.460 1)	0.080 3*** (4.002 5)
capex	0.474 5*** (4.883 8)	−0.062 0** (−2.219 2)	1.897 2 (0.536 7)	2.259 3 (0.551 6)	−0.090 8** (−2.110 3)	2.496 3 (0.593 6)
duality	0.022 9** (2.246 7)	−0.012 4*** (−4.234 7)	−0.069 7 (−0.187 9)	−0.070 3 (−0.163 5)	−0.014 4*** (−3.187 1)	−0.079 7 (−0.180 5)
boardsize	−0.052 5** (−2.129 7)	−0.026 9*** (−3.787 4)	0.151 8 (0.169 3)	0.150 6 (0.144 9)	−0.057 4*** (−5.256 2)	0.177 4 (0.166 3)
lndep	0.022 2 (0.278 4)	0.017 7 (0.771 7)	−3.341 2 (−1.152 2)	−3.934 7 (−1.171 1)	0.040 3 (1.143 3)	−4.008 3 (−1.161 9)
PGDP	−0.000 0*** (−5.306 2)	0.000 0 (0.267 4)	0.000 0 (0.017 8)	0.000 0 (0.019 7)	0.000 0** (2.059 8)	0.000 0 (0.000 9)
CPI	0.008 0*** (5.308 2)	−0.000 2 (−0.450 3)	−0.007 2 (−0.131 9)	−0.008 7 (−0.137 4)	−0.001 2* (−1.770 9)	−0.007 5 (−0.114 9)
年份	Yes	Yes	Yes	Yes	Yes	Yes
行业	Yes	Yes	Yes	Yes	Yes	Yes
常数项	−5.481 0*** (−56.860 2)	0.833 4*** (30.061 0)	1.335 4 (0.380 8)	1.323 5 (0.325 7)	0.823 4*** (19.297 3)	1.285 6 (0.308 1)
N	16 578	16 578	16 578	16 578	16 578	16 578
R^2	0.242 3	0.192 8	0.003 3	0.003 4	0.058 2	0.003 3

* $p<0.1$, ** $p<0.05$, *** $p<0.01$

注：括号中为标准误

4.3　减税的宏观经济效应[①]

　　"营改增"政策作为减税政策的重要组成部分，如何确定不同税率之间的组合，实现减税效果的最大化，是制定最优减税降费政策以推动经济增长，放大社会福利的关键点。鉴于此，本部分运用 DSGE 模型，着眼于研究财政压力下结构性减税的宏观经济效应。通过脉冲响应、方差分解和社会福利损失等手段，试图解决如下几个问题：第一，探究存在财政压力和不存在财政压力下，结构性减税的宏观经济效应；第二，构建不同结构性减税政策组合，研究外部冲击下不同结构性减税政策的社会福利损失程度；第三，通过对财政压力下结构性减税的宏观经济效应和不同结构性减税政策组合下的社会福利损失分析，为我国税收政策改革和调整提供参考依据。

4.3.1　DSGE 模型构建

1. 家庭部门

假设代表性消费者的经济最优问题如下：

$$\max \sum_{t=0}^{\infty} \beta^t E\left[\log(c_t - hc_{t-1}) - \varsigma \frac{l_t^{1+\varphi}}{1+\varphi}\right] + \nu \log\left(\frac{m_{t-1}}{p_t}\right) \tag{4.2}$$

家庭的预算约束条件为

$$\left(1-\tau_t^c\right)c_t + \frac{b_t}{p_t} + \frac{d_t}{p_t} + \frac{m_t}{p_t} = \left(1-\tau_t^l\right)w_t l_t + \left[1+\left(1-\tau_t^R\right)\left(R_{t-1}-1\right)\right]\frac{b_{t-1}}{p_t}$$

$$+ R_{t-1}d_{t-1} + \frac{m_{t-1}}{p_t} + T_t + F_t \tag{4.3}$$

其中，β 代表一个家庭的主观贴现因子，表示家庭中消费者的耐心程度，β 越大表示消费者越有耐心，β 越小表示消费者耐心程度越低；c_t 表示居民实际消费需求；m_t 表示家庭的实际货币余额数量，$m_t = M_t / p_t$，其中，M_t 表示名义货币供给，p_t 表示名义价格水平；φ 表示货币需求弹性的倒数；ς 表示效用函数中劳动

---

① 资料来源：杨兵等（2020）。

的相对权重；v 表示效用函数中货币持有量的相对权重；l_t 表示居民的劳动时间；w_t 表示居民在 t 时期所获得实际工资；b_t 表示名义存款；R_t 表示名义存款利率；d_t 表示期末持有的政府实际债券；τ_t^c 表示家庭消费税率；τ_t^l 表示劳动所得税率；τ_t^R 表示资本所得税率；T_t 表示一次性转移支付；F_t 表示非金融企业和金融企业的中间成本。

代表性家庭跨期效用最大化的一阶条件为

$$\left(c_t - hc_{t-1}\right)^{-1} - \lambda_t \left(1 + \tau_t^c\right) - \beta h \left(c_{t+1} - hc_t\right)^{-1} = 0 \tag{4.4}$$

$$\beta \lambda_{t+1} \left[1 + \left(1 + \tau_{t+1}^R\right)\left(R_t - 1\right) \pi_{t+1}^{-1} - \frac{p_t}{\lambda_t} \right] = 0 \tag{4.5}$$

$$\beta^{t+1} \left(vm_t^{-1} + \lambda_{t+1} p_{t+1}^{-1} \right) - \beta^t \lambda_t p_t^{-1} = 0 \tag{4.6}$$

$$\beta^t \left[\lambda_t \left(1 - \tau_t^l\right) w_t - \varsigma l_t^\varphi \right] = 0 \tag{4.7}$$

$$\beta^{t+1} \lambda_{t+1} R d_t p_{t+1}^{-1} - \beta^t \lambda_t p_t^{-1} = 0 \tag{4.8}$$

2. 企业部门

1）最终服务者

家庭居民消费的产品和政府部门消费的最终产品都是由最终厂商所提供的，在生产技术规模保持不变的条件下，企业投入 y_{it} 单位的产品，其中第 i 个中间产品的名义价格为 p_{it}，则最终厂商的生产函数为 $y_t = \left(\int_0^1 y_{it}^{(\varepsilon-1)/\varepsilon} di\right)^{(\varepsilon-1)/\varepsilon}$，最终产品的企业面对市场的既定价格为 p_t，则最终产品企业利润最大化的一阶条件为 $y_{it} = \left(p_t / p_{it}\right)^\varepsilon y_t$，表示第 i 个中间产品的需求函数，最终企业利润最大化的一阶条件中，ε 表示中间产品的替代弹性，中间产品需求价格弹性反映了中间产品的竞争强度，ε 越大，表示中间产品的市场竞争越激烈。根据完全竞争市场的定义，最终厂商在完全竞争市场的利润为 0。因此，在 t 时期的价格 p_t 必须满足 $p_t = \left(\int_0^1 p_{it}^{1-\varepsilon} di\right)^{1/(1-\varepsilon)}$。

2）中间服务者

借鉴 Ball（1999）的假设，产品的生产是垄断的，并且生产技术会对中间产品的产出存在影响，其生产函数为 $y_t = A_t k_{t-1}^\alpha l_t^{1-\alpha}$。其中，$l_t$ 表示生产中间产品所需要投入的劳动数量；A_t 表示生产技术水平；k_t 表示生产中间产品所需要投入的资本，表示为

$$k_t = (1-\delta)k_{t-1} + \left[1 - S\left(\frac{i_t}{i_{t-1}}\right)\right]i_t \qquad (4.9)$$

其中，δ 表示私人资本的折旧率；i_t 表示投资水平；$S(i_t / i_{t-1})$ 表示资本调整成本。对于中间厂商来说，企业利润最大化的表达式为

$$\Pi_{i,t} = w_t l_t + k_{i,t-1} r_t + \lambda_t \left(y_{it} - A_t k_{i,t-1}^{\alpha} l_{it}^{1-\alpha}\right) \qquad (4.10)$$

令 $\lambda_t = mc_t$，因此，将利润最大化方程对劳动和资本分别求导，得

$$w_t l_{it} = (1-\alpha) \cdot mc_t \cdot y_{it} \qquad (4.11)$$

$$k_{i,t-1} r_t = \alpha \cdot mc_t \cdot y_{it} \qquad (4.12)$$

根据式（4.11）和式（4.12）得到企业的资本与劳动的比值为

$$k_{i,t-1} / l_{it} = \alpha(1-\alpha)^{-1} \cdot w_t / r_t \qquad (4.13)$$

将式（4.13）和式（4.11）代入生产函数 $y_t = A_t k_{t-1}^{\alpha} l_t^{1-\alpha}$ 得到企业的边际成本为

$$mc_t = \alpha^{-\alpha}(1-\alpha)^{\alpha-1} \cdot A_t^{-1} (w_t)^{1-\alpha} r_t \qquad (4.14)$$

由于假定中间企业具有垄断性质，而垄断竞争企业对商品拥有定价能力，这样商品的价格会产生黏性。借鉴 Calvo（1983）的企业定价法则，假定所有厂商都选择同样的价格 p_{it}，第 i 个厂商最大化的问题可以表示为

$$\max E_t \sum_{s=0}^{\infty} (\beta\theta)^s \left[\Lambda_{t,t+s}\left(\frac{p_t}{p_{t+s}}\right)\left(p_{it} - p_{t+s}^*\right)\right] \cdot \left(\frac{p_{it+s}}{p_{t+s}}\right)^{-\Psi} y_{t+s} \qquad (4.15)$$

其中，p_{t+s}^* 表示中间产品市场价格；p_t 表示最终产品市场价格；p_{it} 表示中间产品价格；y_t 表示最终产品产出；Ψ 表示价格弹性。进一步得到中间企业的最优价格 p_t^* 为

$$P_t^* = \frac{\Psi}{\Psi - 1} \cdot \frac{E_t \sum_{s=0}^{\infty} (\beta\theta)^s \lambda_{t+s} mc_{t+s} y_{t+s} p_{t+s}^{\Psi-1} p_t^{\Psi-1}}{E_t \sum_{s=0}^{\infty} (\beta\theta)^s \lambda_{t+s} y_{t+s} p_{t+s}^{\Psi-1} p_t^{\Psi-1}} \qquad (4.16)$$

假定其定价行为遵循 Calvo 定价，每期有 $1-\theta$ 的厂商能够定价，最终加总的价格水平为

$$(1-\theta)\left(\pi_t^*\right)^{1-\Psi} + \theta\left(\pi_t^*\right)^{\Psi-1} = 1 \qquad (4.17)$$

3）资本供给者

资本生产者按线性技术生产资本品，并在 t 期出售给企业家，而企业家在资本生产者处购买的资本产品用于 $t+1$ 的生产，则 $t+1$ 期投入建设的资本为

$$x_{t+1} = x_t + \left[1 + S\left(\frac{i_t}{i_{t+1}}\right)\right]i_t \qquad (4.18)$$

其中，x_t 表示资本供给者本期的投入资本，当 $S(1)=0$，$S'(1)=0$ 且 $S''(\cdot)>0$ 时，资本生产者通过对投资量 i_t 的选择，实现企业的利润最大化，其资本供给者的最优化问题为

$$\max E_t \sum_{s=0}^{\infty} \beta^s \lambda_t \left\{ q_t \left[1 - S\left(\frac{i_t}{i_{t-1}} \right) \right] i_t - i_t \right\} \qquad (4.19)$$

其中，q_t 表示当期资本供给的相对价格水平；i_t 表示本期新产品的投资。

3. 政府部门

政府收入来自税收收入 tax_t 和发行债券 d_t 所获得的收入，借鉴 Aiyagari 等（1992）、朱军（2019）的研究，设定政府预算约束为

$$\frac{d_t}{p_t} = g_t + R d_{t-1} \frac{d_{t-1}}{p_t} - \text{tax}_t \qquad (4.20)$$

其中，g_t 表示政府支出，其外部财政过程表示为 $\tilde{g}_t = \rho_g \tilde{g}_{t-1} + d_g d_{t-1}/p_t y_t + \varepsilon_t^g$，其中，$\varepsilon_t^g$ 为外生的政府支出冲击，ρ_g 表示政府支出的外部冲击平滑系数。税收收入等于各项税收之和，即家庭消费税、劳动所得税、资本所得税之和，即

$$\text{tax}_t = \tau_t^c c_t + \tau_t^l w_t l_t + \tau_t^R (R_{t-1} - 1) d_{t-1}/p_t \qquad (4.21)$$

进一步参照王文甫（2010）、朱军（2015）的研究，将家庭消费税 τ_t^c、劳动所得税 τ_t^l、资本所得税 τ_t^R 的税制形式设定为线性平滑税，即

$$\tilde{\tau}_t^c = \gamma_c \tilde{\tau}_{t-1}^c + \varepsilon_t^c \qquad (4.22)$$

$$\tilde{\tau}_t^l = \gamma_l \tilde{\tau}_{t-1}^l + \varepsilon_t^l \qquad (4.23)$$

$$\tilde{\tau}_t^R = \gamma_R \tilde{\tau}_{t-1}^R + \varepsilon_t^R \qquad (4.24)$$

其中，"~"表示各变量的对数稳态偏离；γ_c、γ_l 和 γ_R 分别表示家庭消费税的平滑系数、劳动所得税的平滑系数和资本所得税的平滑系数；扰动项 ε_t^c、ε_t^l 和 ε_t^R 分别为外生的政策冲击，其变动服从 AR（1）过程，$\varepsilon_{it} = \rho_i \varepsilon_{i,t-1} + v_{it}$，$\rho_i$ 表示一阶自回归系数，v_{it} 为随机扰动项，并假定其服从标准正态分布。

4. 财政压力刻画

政府减税对财政产生压力，借鉴 Strobel（2016）、朱军（2019）的研究，用预期债券违约的概率来刻画政府的财政压力，财政压力表示如下：

$$\varDelta_t = \frac{\exp\left(\eta_1 + \eta_2 \dfrac{d_t}{4y_t}\right)}{1 + \exp\left(\eta_1 + \eta_2 \dfrac{d_t}{4y_t}\right)} \tag{4.25}$$

其中，η_1、η_2 为指示其形状的参数。

5. 中央银行

对于货币政策规则的选择，国内外大部分研究都是以利率作为货币政策的操作变量，利率方程表达式为

$$\frac{R_t}{R} = \left(\frac{R_{t-1}}{R}\right)^{\vartheta_R}\left[\left(\frac{\pi_{t-1}}{\pi}\right)^{\varphi_\pi}\left(\frac{y_{t-1}}{y}\right)^{\varphi_y}\right]^{(1-\vartheta_R)}\exp\left(\varepsilon_{Rt}\right) \tag{4.26}$$

其中，ϑ_R 表示利率平滑系数；φ_π 表示通货膨胀对利率的反应系数；φ_y 表示产出水平对利率的反应系数；ε_{Rt} 表示外生的货币政策冲击。

6. 市场均衡

当整体经济系统均衡时，经济体供求相等，模型中的市场同时实现出清。其中，劳动市场出清条件为 $l_{it} = l_t$，资本市场出清条件为 $k_{it} = k_t$，市场价格关系为 $p_{it} = p_t$，整体均衡条件为

$$y_t = c_t + i_t + g_t + \left[r_t + q_t\left(1-\delta\right)\right]k_{t-1} \tag{4.27}$$

4.3.2　数据来源与参数估计

1. 数据来源与处理

本书使用的数据主要来源于国家统计局网站、中国人民银行网站、CEIC 数据库、Wind 数据库。时间区间为 1996 年第一季度到 2018 年第四季度。本书构建了包含结构性减税冲击[①]、政府支出冲击和货币政策冲击的 DSGE 模型。根据贝叶斯估计的规则，观测变量的个数小于等于外生冲击个数，为了保证外生冲击能够得到良好的识别和估计，也使后续分析的结果更可靠，在贝叶斯估计中使用产出缺口值、利率缺口值、消费缺口值、投资缺口值和通货膨胀率缺口值作为观测变量。

---

① 结构性减税冲击包含消费税减税冲击、劳动收入税减税冲击和资本收入税减税冲击。

本书的数据处理过程如下：首先，采用 CPI 的季度定基指数将名义季度 GDP 转换为实际季度 GDP；其次，将利率、消费、投资、通货膨胀率和实际季度 GDP 取对数，并采用 X-12 方法去除季节性；最后，将去除季节性的利率、消费、投资、通货膨胀率和实际季度 GDP 运用 HP 滤波剔除长期趋势，从而得到利率、消费、投资、通货膨胀率和实际季度 GDP 的缺口值。

2. 参数估计

对于 DSGE 模型中的参数，主要包含了静态参数和动态参数。对于静态参数和动态参数的估计，目前有三种方法：第一，贝叶斯估计。对所有参数全部用贝叶斯估计（An and Schorfheide，2007）；第二，校准法。对于所有静态参数和动态参数都采用校准法（Galí and Gertler，2007）；第三，校准法和贝叶斯估计相结合。对具有稳态特性的参数采用校准法，对动态参数采用贝叶斯估计（Christensen and Dib，2007）。目前，大部分学者采用校准法和贝叶斯估计相结合的方法。本书采用第三种方法——校准法和贝叶斯估计相结合，对具有稳态特性的参数采用校准法，对具有模型动态特征的参数采用贝叶斯估计。

1）静态参数校准

家庭部分参数校准。借鉴马勇（2015）的研究，将贴现因子 β 设定为 0.99，对应的实际年利率为 4%，相对应的稳态时的利率水平为其倒数，即 R_{bar}=1.01。借鉴卞志村和杨源源（2016）的研究，取居民消费习惯参数 ν 为 0.7。目前国内外对于劳动供给弹性倒数 φ 的取值存在较大差异，其取值范围介于 $[0.5, 6.5]$（张岩，2019）。参照郭新强和胡永刚（2012）的研究，取劳动供给弹性倒数 φ 为 1.5。借鉴朱军（2019）的研究，效用函数中劳动的相对权重 ς 取值 2.482 8，效用函数中货币持有量的相对权重 ν 取值 1.000 45。

企业部门参数校准。借鉴武晓利和晁江锋（2014）的研究，季度折旧率 δ 取 0.012 5。借鉴刘斌（2008）的研究，将私人资本产出弹性 α 设置为 0.3。借鉴朱军（2019）的研究，将边际成本 MC 的参数设定为 0.891。借鉴卞志村等（2019）的研究，取价格黏性系数 θ 为 0.75，即每季度约有四分之一的企业可以调整价格。借鉴王文甫（2010）的研究，中间品替代弹性 ε 取值 0.45。

政府部门的参数校准。稳态时的消费税税率 τ^c、劳动所得税税率 τ^l、资本所得税税率 τ^R，借鉴张岩（2019）的测算，计算样本期内消费有效税率、劳动有效税率、资本有效税率并取平均值，得到稳态消费有效税率、劳动有效税率、资本有效税率分别为 15.1%、12.8%、34.87%。稳态时的税负水平，借鉴李勃昕等（2019）的研究，宏观税负用税收收入占 GDP 比重来衡量，利用 1998~2018 年年度数据（数据来源于国家统计局），计算样本期内的年度宏观税负水平，2010~2018 年，我国宏观税负水平保持在 20% 左右。因此，本书取稳态时的税负水平为 0.2，这与骆永民和樊丽明（2019）所测算的稳态时的宏观税负水平基本一致。财政压力参数校准。财政压力指示其形状的参数，借鉴朱军（2019）的测算，分别取值为−3.117 8和25.143 8。中央银行参数通过贝叶斯估计所得。

　　2）动态参数估计

　　DSGE 模型的动态参数估计，主要采用贝叶斯估计方法，首先需要对待估计参数的先验分步进行确定。借鉴刘晓星和姚登宝（2016）的研究，将取值在 0 到 1 的参数的先验概率分布设定为贝塔（Beta）分布，不必然分布于 0 到 1 的参数的先验概率分布设定为伽马（Gamma）分布，外生冲击的标准差的先验概率分布设定为逆伽马（Inv-Gamma）分布。借鉴 Coenen 和 Straub（2005）的研究，将外生冲击的平滑指数 ρ 设定为服从均值为 0.5~0.9、标准差为 0.1 的贝塔分布；将外生冲击的标准差参数 σ 设定为服从均值为 0.1 的逆伽马（Inv-Gamma）分布，结果如表 4.2 所示。

表4.2　贝叶斯估计结果

变量	先验分布	无财政压力		有财政压力	
		后验均值	90%后验区间	后验均值	90%后验区间
ρ_{tauc}	Beta[0.8,0.1]	0.850	[0.809,0.891]	0.793	[0.667,0.860]
ρ_{tauR}	Beta[0.75,0.1]	0.851	[0.844,0.858]	0.796	[0.690,0.857]
ρ_{taul}	Beta[0.8,0.1]	0.943	[0.942,0.944]	0.953	[0.951,0.956]
ρ_{m}	Beta[0.8,0.1]	0.826	[0.792,0.859]	0.810	[0.792, 0.848]
ρ_{g}	Beta[0.85,0.1]	0.827	[0.826,0.834]	0.777	[0.770,0.789]
ρ_{R}	Beta[0.85,0.1]	0.429	[0.412,0.446]	0.603	[0.554,0.639]
ϕ_{π}	Gamma[1.1,0.1]	0.812	[0.802,0.822]	0.808	[0.792,0.852]
ϕ_{y}	Gamma[0.3,0.1]	0.202	[0.191,0.214]	0.213	[0.168,0.226]
σ_{tauc}	Inv-Gamma[0.1,∞)	0.039	[0.033,0.044]	0.053	[0.040,0.057]
ρ_{tauR}	Inv-Gamma[0.1,∞)	0.047	[0.046,0.047]	0.063	[0.046,0.167]
ρ_{taul}	Inv-Gamma[0.1,∞)	1.551	[1.478,1.624]	1.120	[1.052,1.158]
ρ_{m}	Inv-Gamma[0.1,∞)	0.021	[0.021,0.021]	0.021	[0.189,0.023]
ρ_{g}	Inv-Gamma[0.1,∞)	0.151	[0.146,0.155]	0.110	[0.102,0.113]

　　由表 4.2 可知，从无财政压力和有财政压力的贝叶斯参数估计来看，无财政压力和有财政压力之间参数的估计值大部分较为接近。因此，本书所构建的模型具有稳健性。消费税冲击、劳动税冲击、政府支出冲击和货币政策冲击在无财政

压力下的平滑系数大于有财政压力的平滑系数，说明消费税冲击在无财政压力下更具有持续性。资本税冲击的平滑系数在有财政压力下大于无财政压力下的平滑系数，说明资本税冲击在有财政压力下更具有持续性。利率关于通货膨胀的反映系数在无财政压力和有财政压力下分别为 0.812 和 0.808，对于产出的反映系数分别为 0.202 和 0.213。从对通货膨胀的反应系数和产出水平的反应系数来看，通货膨胀的反应系数大于产出水平的反应系数，说明我国当前主要的宏观经济目标应为保持币值的稳定。

4.3.3　减税效果的动态模拟分析

本书利用脉冲响应分析，考察 1% 单位负向的消费支出税率、劳动收入税率和资本收入税率的税收政策冲击对产出、通货膨胀、投资、消费、政府支出、总税收、工资、就业和利率的影响，包括影响程度和作用时期[①]。影响程度主要体现在初始响应上，作用时期主要体现在回到稳态均衡的速度上。初始效应越小，说明受到冲击的波动程度越小，冲击导致的社会福利损失也越小，即 1% 单位负向的外生冲击，导致产出、通货膨胀、投资、消费、政府支出、总税收、工资、就业和利率在无财政压力和有财政压力下的脉冲响应情况[②]。

1. 结构性减税政策冲击

1）消费支出税率冲击下的经济波动效应分析

消费支出税率冲击对产出、通货膨胀、投资、消费、政府支出、总税收、工资、就业和利率的影响，如图 4.1 所示。由图 4.1 可知，消费支出税率冲击对产出、通货膨胀、投资、消费、政府支出、总税收、工资、就业和利率在无财政压力和有财政压力下都有不同程度的变动。

---

① 本书总共包含消费支出税率冲击、劳动收入税率冲击、资本收入税率冲击、政府支出冲击和货币政策冲击，而本书主要研究减税对宏观经济的影响，因此，本部分只分析了消费支出税率冲击、劳动收入税率冲击、资本收入税率冲击对产出、通货膨胀、投资、消费、政府支出、总税收、工资、就业和利率的脉冲响应，其他外部冲击对宏观经济变量的脉冲响应图没有列出，感兴趣的读者可向笔者索取。

② 由于篇幅的限制，本书只给出了产出、通货膨胀、投资、消费、政府支出、总税收、工资、就业和利率的脉冲响应分析，没有给出其他宏观经济变量的脉冲响应分析，其他内生变量脉冲反应的图形没有列出，感兴趣的读者可向笔者索取。

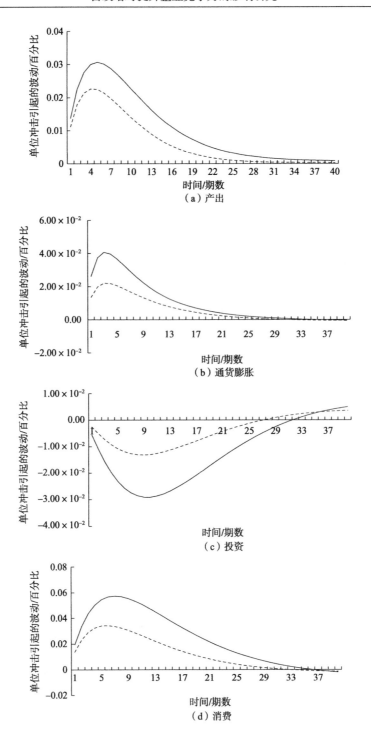

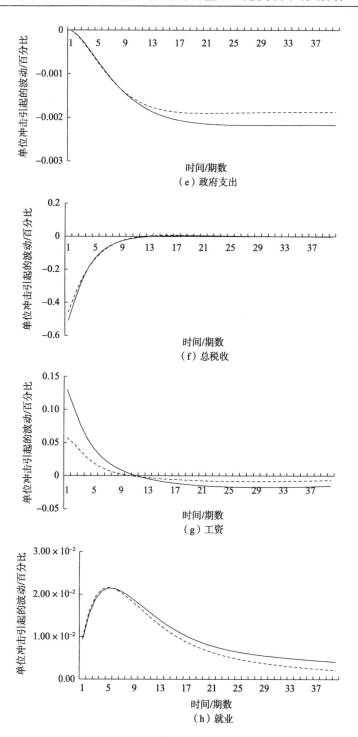

（e）政府支出

（f）总税收

（g）工资

（h）就业

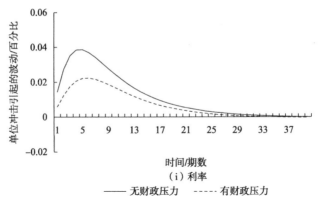

图 4.1　消费支出税率冲击的脉冲响应图

从经济学意义上讲，消费支出减税的实施，在短期内刺激居民消费水平的提升（李桂萍和刘薇，2013），同时政府的总税收水平减少，表现为图 4.1（d）中消费水平正向波动和图 4.1（f）中总税收水平负向波动。消费的增加会刺激市场产品价格的上升，提高产品的价格，全国物价水平上涨，成本推动型通货膨胀开始出现，表现为图 4.1（b）中的通货膨胀正向波动。通货膨胀的增加导致利率水平的上升，表现为图 4.1（i）中利率水平正向波动。短期消费需求的提高和利率水平的提升导致投资水平的下降，表现为图 4.1（c）中投资水平的负向波动。由于消费所得税下降对消费水平的提升程度大于对投资水平的抑制程度，故对总产出水平起到促进作用，表现为图 4.1（a）中产出水平正向波动。产出水平的提升，理性的厂商会借此机会扩大企业规模，企业的劳动需求量增加，表现为图 4.1（h）中就业水平正向波动。产出水平的提升和劳动需求的增加，使得劳动市场的工资提升，表现为图 4.1（g）中的工资水平增加。

另外，结构性减税政策持续实施，导致政府的财政压力增加，并且央行为防止经济过热，从而实行逆经济周期的政策，抑制了居民的消费水平，从而消费较快回归到稳定状态。消费水平受到抑制，由消费拉动经济的速度下降，从而产出较快地回归到稳定的产出状态。经济增速的放慢，央行将实行刺激投资等手段促进经济的发展，利率提高导致投资需求受到抑制的局面得到缓解，投资水平增加，从而投资快速地回到稳态投资水平。调低利率缓解经济过热的政策基本达到预期效果，利率回到稳态水平，导致通货膨胀微幅下调，从而通货膨胀快速地回到稳态的通货膨胀水平。随着经济系统中主要经济指标趋于平稳，整个经济回到最初的稳态水平。

具体地，由图 4.1 可知，在图 4.1（a）中，消费支出税率冲击导致产出水平在有财政压力下的初始效应小于无财政压力下的初始效应，从回到稳态产出水平的时间周期来看，无财政压力下产出水平回到稳态产出水平的时间周期更短，说明相比无财政压力，有财政压力更有利于熨平消费支出税率冲击对产出的波动。同理，图4.1（b）通货膨胀、图4.1（c）投资、图4.1（d）消费、图4.1（e）政府支出、图4.1（f）总税收、图4.1（g）工资、图4.1（h）就业和图4.1（i）利率，消费支出税率冲击导致通货膨胀、投资、消费、政府支出、总税收、工资、就业和利率的波动在有财政压力下的初始效应小于无财政压力下的初始效应，从回到稳态水平的时间周期来看，无财政压力下通货膨胀、投资、消费、政府支出、总税收、工资、就业和利率回到稳态水平的时间周期更短，说明有财政压力相比无财政压力更有利于熨平消费支出税率冲击的经济波动。可能的原因是，当无财政压力时，消费支出税率的下降快速地导致宏观经济的波动，刺激消费和产出，当存在财政压力时，财政政策的刺激效应将受到地方政府财政水平的影响，并且可能存在"压力疲软效应"（朱军，2019），使得整体宏观经济波动控制在合理的范围内，当存在财政压力时，更有利于稳定宏观经济。

　　2）劳动收入税率冲击下的经济波动效应分析

　　劳动收入税率冲击对产出、通货膨胀、投资、消费、政府支出、总税收、工资、就业和利率的影响，如图4.2所示。由图4.2可知，劳动收入税率冲击对产出、通货膨胀、投资、消费、政府支出、总税收、工资、就业和利率在无财政压力和有财政压力下都有不同程度的变动。

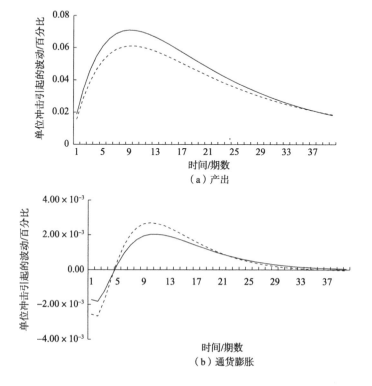

（a）产出

（b）通货膨胀

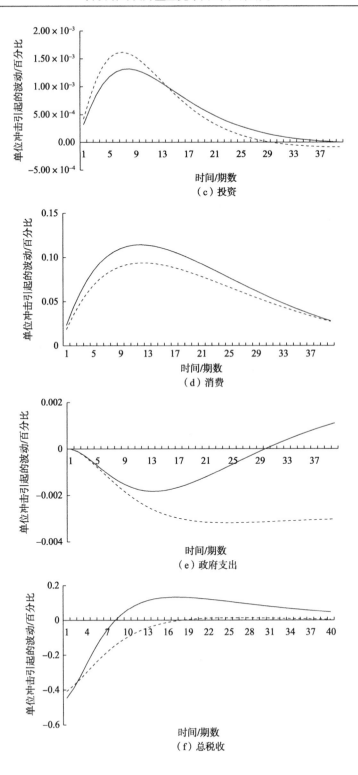

（c）投资

（d）消费

（e）政府支出

（f）总税收

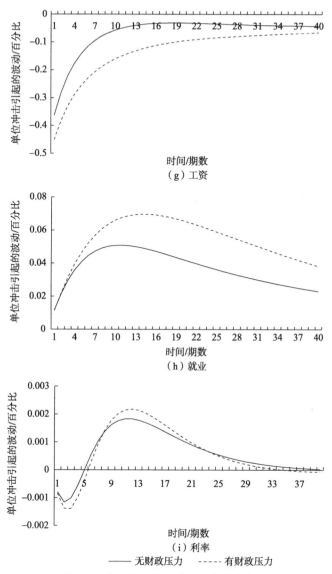

图 4.2 劳动收入税率冲击的脉冲响应图

从经济学意义上讲，劳动收入所得税的下降，提高了家庭的可支配收入水平（张岩，2017），从而导致居民消费水平的提升，表现为图 4.2（d）中消费水平正向波动。劳动收入所得税的降低，减少了政府的总税收水平，表现为图 4.2（f）中总税收水平负向波动。劳动所得税的下降，在增加居民可支配收入的同时也提高了居民参与劳动的积极性，从而导致就业水平的增加，表现为图 4.2（h）中就业水平正向波动。居民参与就业积极性的提高，理性的企业家将有意识地降低工人的工资水平，从而导致工资水平的下降，表现为图 4.2（g）中工资水平负向波动。劳动收入所得税的下降在提升居民消费可支配收入的同时，也导致了资本收益率的下降，资本收益率的降低，使得市场利率降低，表现为图 4.2（i）中利率水平负向波动。短期内利率的下降，会对价格水平产生向下的压力，将导致全国物价水平短期内下跌，将会抑制通货膨胀水平，表现为图 4.2（b）中通货膨胀的负向波动。短期内利率水平的下降，提升了企业投资的积极性，表现为图 4.2（c）中投资水平正向波动。在消费水平提高投资降低的共同作用下，导致总产出水平的增加，表现为图 4.1（a）中的产出水平正向波动。

另外，劳动收入所得税结构性减税政策的持续实施，导致政府的财政压力上升，同时也导致经济过热，央行为防止经济过热，采用逆周期政策，从而使得产出、通货膨胀、投资、消费、政府支出、总税收、工资、就业和利率在经过一段时间周期之后回到稳态均衡水平。

具体地，由图 4.2 可知，在图 4.2（a）产出、图 4.2（d）消费、图 4.2（f）总税收，劳动收入税率冲击导致产出、消费、总税收的波动在有财政压力下的初始效应小于无财政压力下的初始效应，从回到稳态水平的时间周期来看，无财政压力下产出、消费、总税收回到稳态水平的时间周期更短，说明有财政压力相比无财政压力更有利于熨平劳动收入所得税率冲击的经济波动。

图 4.2（b）通货膨胀、图 4.2（c）投资、图 4.2（e）政府支出、图 4.2（g）工资、图 4.2（h）就业和图 4.2（i）利率的波动在无财政压力下的初始效应小于有财政压力下的初始效应，从回到稳态水平的时间周期来看，有财政压力下通货膨胀、投资、政府支出、工资、就业和利率回到稳态水平的时间周期更短，说明无财政压力相比较有财政压力更有利于熨平劳动收入所得税率冲击的经济波动。

3）资本收入税率冲击下的经济波动效应分析

资本收入税率冲击对产出、通货膨胀、投资、消费、政府支出、总税收、工资、就业和利率的影响，如图 4.3 所示。由图 4.3 可知，资本收入税率冲击对产出、通货膨胀、投资、消费、政府支出、总税收、工资、就业和利率在无财政压力和有财政压力下都有不同程度的变动。

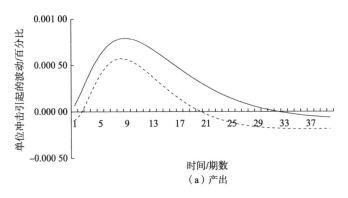

（a）产出

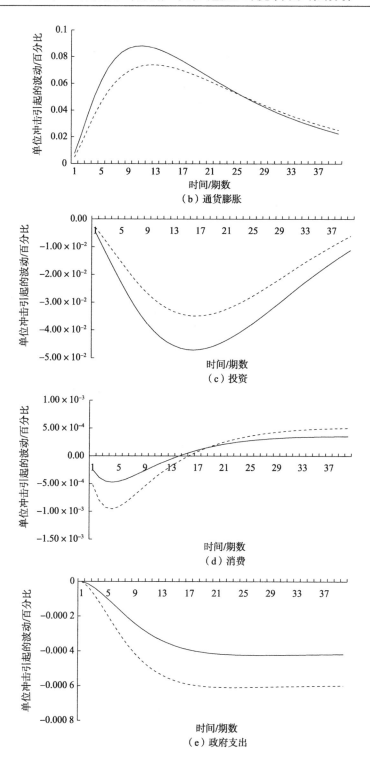

（b）通货膨胀

（c）投资

（d）消费

（e）政府支出

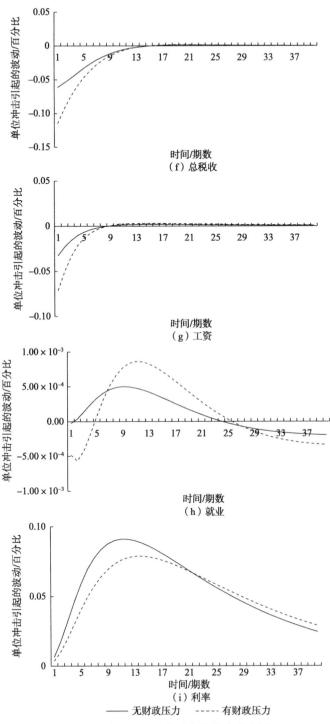

图 4.3　资本收入税率冲击的脉冲响应图

从经济学意义上讲，资本收入所得税的降低，相当于提高了资本和劳动力之间的相对要素价格，从而导致资本收益率的上涨（武晓利和晁江锋，2014；张岩，2019），资本收益率的上涨使得利率水平提升，表现为图 4.3（i）中利率水平正向波动。利率上升使得理性消费者会减少当前的消费，增加未来消费，表现为图 4.3（d）中消费负向的波动。利率水平的提升同时抑制了企业投资的积极性，表现为图 4.3（c）中投资水平负向波动。在投资水平降低和消费需求减少的共同作用下抑制了产出水平，表现为图 4.3（a）中产出水平负向波动。产出水平的降低，理性的企业家会缩减企业规模，使得企业劳动需求量减少，表现为图 4.3（h）中就业水平负向波动。在整体就业萧条的环境下，失业增加，使得劳动者愿意降低劳动工资，表现为图 4.3（g）中工资水平负向波动。另外，资本收入所得税结构性减税政策的持续实施，导致政府的财政压力上升，同时又抑制了产出、消费、投资等，央行采用逆周期政策，从而使得产出、通货膨胀、投资、消费、政府支出、总税收、工资、就业和利率在经过一段时间周期之后回到稳态均衡水平。

具体地，由图 4.3 可知，在图 4.3（a）产出、图 4.3（b）通货膨胀、图 4.3（c）投资、图 4.3（g）工资、图 4.3（i）利率中，资本收入税率冲击导致通货膨胀、投资、消费、政府支出、总税收、工资、就业和利率的波动在有财政压力下的初始效应小于无财政压力下的初始效应，从回到稳态水平的时间周期来看，无财政压力下产出、通货膨胀、投资、消费、工资和利率回到稳态水平的时间周期更短，说明有财政压力相比无财政压力更有利于熨平资本收入税率冲击的经济波动。在图 4.3（d）消费、图 4.3（e）中政府支出、图 4.3（f）总税收、图 4.3（h）就业中与以上结论恰好相反。

2. 结构性减税冲击的方差分解

本书利用方差分解分析减税冲击对宏观经济变量的相对影响，并进一步对比无财政压力和有财政压力下减税冲击对产出、通货膨胀、投资、消费、政府支出、总税收、工资、就业和利率波动的贡献度，方差分解结果如表 4.3 所示。由表 4.3 可知，劳动收入税率冲击对产出波动、通货膨胀波动、投资波动、消费波动、政府支出波动、总税收波动、工资波动、就业波动和利率波动的解释力最大，消费支出税率冲击对宏观经济波动的解释力次之，而资本收入税率冲击对宏观经济波动的解释力最小，说明相比消费支出税率冲击和资本收入税率冲击，劳动收入税率冲击对宏观经济的波动占绝对主导地位。

表4.3 减税冲击的方差分解

变量	消费支出税率冲击		劳动收入税率冲击		资本收入税率冲击	
	无财政压力	有财政压力	无财政压力	有财政压力	无财政压力	有财政压力
产出	27.87%	7.26%	71.38%	92.49%	0.75%	0.25%
通货膨胀	10.96%	3.34%	88.87%	96.55%	0.17%	0.11%
投资	42.01%	10.42%	56.82%	89.22%	1.16%	0.36%
消费	40.64%	11.13%	58.18%	88.25%	1.19%	0.62%
政府支出	49.78%	26.34%	48.64%	71.20%	1.58%	2.46%
总税收	38.84%	38.19%	48.64%	58.84%	1.00%	2.97%
工资	44.90%	5.41%	53.66%	93.47%	1.44%	1.12%
就业	42.33%	7.42%	56.37%	92.14%	1.30%	0.44%
利率	14.41%	3.91%	85.29%	95.97%	0.29%	0.12%

无财政压力下的消费支出税率冲击是影响产出（27.87%）、通货膨胀（10.96%）、投资（42.01%）、消费（40.64%）、政府支出（49.78%）、总税收（38.84%）、工资（44.90%）、就业（42.33%）和利率（14.41%）的重要因素，而有财政压力下消费支出税率冲击对产出波动、通货膨胀波动、投资波动、消费波动、政府支出波动、总税收波动、工资波动、就业波动和利率波动的解释力均小于无财政压力下的消费支出税率冲击对各变量的方差分解，说明有财政压力下消费支出税率冲击对主要宏观经济变量的相对解释力均有所下降，则相对应无财政压力，有财政压力更能有效地熨平消费支出税率冲击对宏观经济的波动。无财政压力下劳动收入税率冲击对产出波动、通货膨胀波动、投资波动、消费波动、政府支出波动、总税收波动、工资波动、就业波动和利率波动的解释力小于有财政压力下的解释力，说明在劳动收入税率冲击下，无财政压力更有利于熨平劳动收入税率冲击对宏观经济的波动。

无财政压力下资本收入税率冲击对产出波动、通货膨胀波动、投资波动、消费波动、工资波动、就业波动和利率波动的解释力大于有财政压力下的解释力，说明在资本收入税率冲击下，有财政压力更有利于熨平资本收入税率冲击对产出波动、通货膨胀波动、投资波动、消费波动、工资波动、就业波动和利率波动，而无财政压力下更有利于熨平资本收入税率冲击对政府支出波动、总税收波动。

4.3.4 结构性减税的税收政策组合效应分析

结构性减税的政策目标为刺激经济增长、降低总体税负水平和放大社会福利（刘海波等，2019），因此本书通过对比分析不同结构性减税组合下社会福利损失的程度，从而通过设定结构性减税的税收政策组合，放大社会福利水平。借鉴胡小文和章上峰（2015）、马勇（2015）的研究，设定福利损失函数表达式为

$$L = E_t \sum_{i=1}^{n} \beta^j \left[\pi_{i+1}^2 + \lambda y_{i+1}^2 \right] \tag{4.28}$$

其中，β 为折现因子；λ 刻画了央行对产出的相对关注程度；n 为时间范围，本书设定其最大值为 40，即最多考虑 10 年内的政策效应。λ 的取值不同，表现出央行对产出和通货膨胀的关注程度。$\lambda = 0.5$，产出的福利损失权重小于通货膨胀，$\lambda = 1$，产出的福利损失权重等于通货膨胀，$\lambda = 2$，产出的福利损失权重大于通货膨胀。

1. 政府支出冲击下不同减税政策组合效应分析

通过构建社会福利损失函数，政府支出冲击不同结构性减税政策组合的社会福利损失如表 4.4 所示[①]。表 4.4 中，组合 1（$\tau_c \downarrow$、τ_l、τ_R）表示在其他税率不变的条件下，只针对消费支出税率进行减税，对比单一减税的社会福利变化；组合 2（τ_c、$\tau_l \downarrow$、τ_R）表示在其他税率不变的条件下，只针对劳动收入税率进行减税，对比单一减税的社会福利变化；组合 3（τ_c、τ_l、$\tau_R \downarrow$）表示在其他税率不变的条件下，只针对资本收入税率进行减税，对比单一减税的社会福利变化；组合 4（τ_c、$\tau_l \downarrow$、$\tau_R \downarrow$）表示在其他税率不变的条件下，针对劳动收入税率和资本收入税率进行减税，对比减税组合的社会福利变化；组合 5（$\tau_c \downarrow$、τ_l、$\tau_R \downarrow$）表示在其他税率不变的条件下，针对消费支出税率和资本收入税率进行减税，对比减税组合的社会福利变化；组合 6（$\tau_c \downarrow$、$\tau_l \downarrow$、τ_R）表示在其他税率不变的条件下，针对消费支出税率和劳动收入税率进行减税，对比减税组合的社会福利变化；组合 7（$\tau_c \downarrow$、$\tau_l \downarrow$、$\tau_R \downarrow$）表示针对消费支出税率、劳动收入税率和资本收入税率进行减税[②]，对比减税组合的社会福利水平变化。

从对照组和实验组的社会福利水平损失比较来看，不管是单一的结构性减税政策还是组合的结构性减税政策，实行结构性减税均能减小政府支出冲击下社会福利的损失，放大社会福利水平。但是不同结构性减税政策对放大社会福利效果

---

① 本书的社会福利损失函数是借鉴胡小文和章上峰（2015）、马勇（2015）的研究，其中关于 λ 的取值，表 4.4 中只给出了 $\lambda = 1$ 时政府支出冲击下的社会福利损失，关于 $\lambda = 0.5$ 和 $\lambda = 2$ 时政府支出冲击下的社会福利损失，由于篇幅限制未列出，感兴趣的读者可向笔者索取。

② 本书的结构性减税政策组合只构建了消费支出税率、劳动收入税率和资本收入税率。因此，组合 7 的结构性减税政策组合只包含了以上三种税率。

表4.4　政府支出冲击下不同结构性减税政策组合的社会福利损失

组合	减税政策组合	对照组合	福利水平		实验组合	福利水平	
			无财政压力	有财政压力		无财政压力	有财政压力
组合1	$\tau_c\downarrow$、τ_l、τ_R	1%、不变、不变	0.060	0.094	2%、不变、不变	0.057	0.090
组合2	τ_c、$\tau_l\downarrow$、τ_R	不变、1%、不变	0.059	0.094	不变、2%、不变	0.056	0.090
组合3	τ_c、τ_l、$\tau_R\downarrow$	不变、不变、1%	0.062	0.098	不变、不变、2%	0.062	0.098
组合4	τ_c、$\tau_l\downarrow$、$\tau_R\downarrow$	不变、1%、1%	0.059	0.094	不变、2%、2%	0.055	0.090
组合5	$\tau_c\downarrow$、τ_l、$\tau_R\downarrow$	1%、不变、1%	0.059	0.094	2%、不变、2%	0.056	0.090
组合6	$\tau_c\downarrow$、$\tau_l\downarrow$、τ_R	1%、1%、不变	0.056	0.090	2%、2%、不变	0.050	0.082
组合7	$\tau_c\downarrow$、$\tau_l\downarrow$、$\tau_R\downarrow$	1%、1%、1%	0.056	0.090	2%、2%、2%	0.050	0.082

存在差异，组合1、组合2和组合3属于单一的结构性减税，组合4、组合5、组合6和组合7属于组合的结构性减税，而不同组合中实验组和对照组的社会福利变化分别为组合1（0.003）、组合2（0.003）、组合3（0.000）、组合4（0.004）、组合5（0.003）、组合6（0.006）和组合7（0.006），说明结构性减税政策组合相比单一的结构性减税更有利于放大社会福利水平。

从无财政压力和有财政压力下不同结构性减税政策对放大社会福利的比较来看，不同组合中实验组和对照组的社会福利变化分别为组合1（0.003）[0.004]、组合2（0.003）[0.004]、组合3（0.000）[0.000]、组合4（0.004）[0.004]、组合5（0.003）[0.004]和组合6（0.006）[0.008]和组合7（0.006）[0.008]，其中（）中的数值表示无财政压力下不同减税组合下的社会福利变化，[]中的数值表示有财政压力下不同减税组合下的社会福利变化。通过无财政压力和有财政压力下不同结构性减税政策对放大社会福利的效果可知，有财政压力下更有利于放大社会福利，减小政府支出冲击所导致的社会福利损失。

2. 货币政策冲击下不同减税政策组合效应分析

货币政策冲击下不同减税政策组合的社会福利损失如表4.5所示，由表4.5可知，从对照组和实验组的社会福利损失比较来看，不管是单一的结构性减税政策还是组合的结构性减税政策，实行结构性减税均能减小政府支出冲击下社会福利的损失，放大社会福利水平。不同组合中实验组和对照组的社会福利变化分别为组合1（0.001）、组合2（0.005）、组合3（0.003）、组合4（0.002）、组合5（0.003）、组合6（0.006）和组合7（0.002）。整体来看，结构性减税政策组合相比单一的结构性减税更有利于放大社会福利水平。

表4.5 货币政策冲击下不同减税政策组合的社会福利损失

组合	减税政策组合	对照组合	福利水平		实验组合	福利水平	
			无财政压力	有财政压力		无财政压力	有财政压力
组合1	$\tau_c\downarrow$、τ_l、τ_R	1%、不变、不变	3.082	2.646	2%、不变、不变	3.081	2.644
组合2	τ_c、$\tau_l\downarrow$、τ_R	不变、1%、不变	3.089	2.649	不变、2%、不变	3.084	2.646
组合3	τ_c、τ_l、$\tau_R\downarrow$	不变、不变、1%	3.076	2.640	不变、不变、2%	3.073	2.640
组合4	τ_c、$\tau_l\downarrow$、$\tau_R\downarrow$	不变、1%、1%	3.083	2.647	不变、2%、2%	3.081	2.644
组合5	$\tau_c\downarrow$、τ_l、$\tau_R\downarrow$	1%、不变、1%	3.078	2.643	2%、不变、2%	3.075	2.642
组合6	$\tau_c\downarrow$、$\tau_l\downarrow$、τ_R	1%、1%、不变	3.092	2.653	2%、2%、不变	3.086	2.647
组合7	$\tau_c\downarrow$、$\tau_l\downarrow$、$\tau_R\downarrow$	1%、1%、1%	3.085	2.651	2%、2%、2%	3.083	2.646

从无财政压力和有财政压力下不同结构性减税政策对放大社会福利的比较来看,不同组合中实验组和对照组的社会福利变化分别为组合 1(0.001)[0.002]、组合 2(0.005)[0.003]、组合 3(0.003)[0.000]、组合 4(0.002)[0.003]、组合 5(0.003)[0.001]、组合 6(0.003)[0.006]和组合 7(0.002)[0.005]。通过无财政压力和有财政压力下不同结构性减税政策对放大社会福利的效果可知,有财政压力下结构性减税组合更有利于放大社会福利,减小货币政策冲击所导致的社会福利损失,而单一结构性减税对放大社会福利效果在无财政压力和有财政压力下的差异不明显。

4.3.5 结论与启示

本书结合中国结构性减税的实际情况,并借鉴国内外的最新研究,构建包含财政压力的 DSGE 模型,对比分析结构性减税政策在有财政压力和无财政压力下对宏观经济波动的影响情况。并进一步构建不同结构性减税政策组合,模型单一结构性减税政策和结构性减税组合下外部冲击所导致的社会福利损失大小。通过脉冲响应分析、方差分解和社会福利损失函数得到以下结论。

(1)消费税减税对产出、通货膨胀、消费、工资、就业和利率均起到积极的推动作用,同时抑制了投资和总税收水平;劳动收入所得税减税对产出、投资、消费、就业均起到积极的推动作用,同时抑制了通货膨胀、工资、利率、政府支出和总税收水平;资本收入所得税减税对产出、通货膨胀、就业和利率均起到积极的推动作用,同时抑制了消费、工资、政府支出和总税收水平。有财政压力相比无财政压力更有利于熨平消费支出税率冲击的经济波动;有财政压力相比无财政压力更有利于熨平劳动收入所得税率冲击的经济波动，有财政压力更有利于熨平通货膨胀、投资、政府支出、工资、就业和利率的波动，而无财政压力更有利于熨平劳动收入所得税率冲击的产出、消费、总税收的波动；有财政压力相比无财政压力更有利于熨平资本收入税率冲击的经济波动。消费、政府支出、总税收、工资、就业与以上结论恰好相反。

（2）历史分解结果表明，劳动所得税率冲击是解释产出波动、通货膨胀波动、投资波动、消费波动、政府支出波动、总税收波动、工资波动、就业波动和利率波动的最重要因素，但是其对消费波动的解释程度一般；消费支出税率冲击也能对产出波动、通货膨胀波动、投资波动、消费波动、政府支出波动、总税收波动、工资波动、就业波动和利率波动起到一定程度的解释作用；资本收入冲击对其宏观经济波动的解释能力相对较弱。有财政压力下消费支出税率冲击对主要宏观经济变量的相对解释力均有所下降，则相对应无财政压力，有财政压力更能有效地熨平消费支出税率冲击对宏观经济的波动。在劳动收入税率冲击下，无财政压力更有利于熨平劳动收入税率冲击对宏观经济的波动。在资本收入税率冲击下，有财政压力更有利于熨平资本收入税率冲击对产出波动、通货膨胀波动、投资波动、消费波动、工资波动和利率波动，而无财政压力下更有利于熨平资本收入税率冲击对政府支出波动、总税收波动和就业波动。

（3）结构性减税政策组合相比单一的结构性减税政策更有利于减小政府支出冲击和货币政策冲击所导致的社会福利损失，放大社会福利水平；有财政压力下结构性减税政策组合更有利于放大社会福利，减小货币政策冲击所导致的社会福利损失，而单一结构性减税政策对放大社会福利效果在无财政压力和有财政压力下的差异不明显。

上述结论解决了现有研究中结构性减税政策的经济效应及财政压力的经济效应结论的不一致性问题。根据以上研究结论，为更好地促进结构性减税对宏观经济的政策效果，本书得到如下几点政策启示。第一，通过对结构性减税对我国宏观经济的效应研究，发现消费税减税、劳动收入减税和资本收入减税都能够有效地推动我国经济增长，放大社会的福利水平。因此，应积极和持续贯彻结构性减税政策，从而促进我国的经济增长。消费支出减税方面，调整消费税的征收范围和税率改善消费结构；劳动收入减税方面，应提高居民工资收入的起征点，降低个人工资收入税率水平；资本税减税方面，政府在新一轮的税制改革中应继续完善企业所得税税收负担的政策。第二，通过对比单一结构性减税和结构性减税政策组合在应对外部冲击下社会福利损失可知，结构性减税组合更有利于应对外部冲击所导致的宏观经济波动，放大社会福利水平。因此，在选择结构性减税调控宏观经济时，政府在制定结构性减税政策时还应当根据宏观经济调控目标注意各项税种之间的合理搭配，从而更有效地放大结构性减税的政策效果。

第 5 章 结论及政策建议

5.1 研 究 结 论

5.1.1 微观层面研究结论

本书首先用多时点双重差分研究了"营改增"政策对全行业企业竞争力的影响；其次，用基本双重差分研究了"营改增"政策对建筑业、房地产业、生活服务业及商业银行四个行业企业竞争力的影响，得出了以下结论。

（1）从全行业来看，"营改增"政策不仅提高了企业制度层竞争力而且提高了企业产品层竞争力。进一步研究表明，"营改增"政策有效缓解了企业融资约束，从而提升了企业竞争力，融资约束是"营改增"政策对企业制度层竞争力提升的作用路径；"营改增"政策还促进了企业专业化分工，从而提升了企业产品层竞争力，专业化分工是"营改增"政策对企业产品层竞争力提升的作用路径；相比国有企业，"营改增"政策显著提升了非国有企业制度层竞争力，"营改增"政策对企业产品层竞争力的提升在国有企业和非国有企业中没有明显的区别；相比大型企业，"营改增"政策显著提高了中小型企业的制度层竞争力和产品层竞争力；在法制环境较好的地区，"营改增"政策显著提升了企业制度层竞争力和产品层竞争力。

（2）对于建筑业企业，"营改增"政策没有提升企业制度层竞争力，也没有提升其产品层竞争力，并且"营改增"政策显著增加了企业的税负。

（3）对于房地产业企业，"营改增"政策显著提高了企业产品层竞争力，对企业制度层竞争力没有影响。进一步研究表明，"营改增"政策促进了企业专业化分工，从而提升了企业产品层竞争力，专业化分工是"营改增"政策效应的作用路径。在国有企业和法制环境较好的企业，"营改增"政策对企业产品层竞争力的提升效果更为显著；另外，"营改增"政策也加剧了房地产业企业的税收负担。

（4）对于生活服务业企业，"营改增"政策不但没有提升企业产品层竞争力，而且还显著降低了企业制度层竞争力。进一步研究表明，无论是国有企业还是非国有企业，无论是大型企业还是中小型企业，"营改增"政策对企业制度层竞争力的影响没有明显区别。

（5）对于商业银行，"营改增"政策降低了商业银行制度层竞争力，同时还降低了商业银行产品层竞争力；进一步研究表明，"营改增"政策增加了商业银行税负，使商业银行制度层竞争力下降，商业银行税负是"营改增"政策效应的作用路径；"营改增"政策加剧了商业银行的融资约束，从而使其制度层竞争力下降，融资约束也是"营改增"政策效应的作用路径；"营改增"政策还促进了商业银行专业化分工；相比大型商业银行，"营改增"政策显著降低了中小型商业银行的制度层竞争力和产品层竞争力；"营改增"政策对商业银行制度层竞争力的影响在国有企业和非国有企业中没有显著区别；相比非国有商业银行，"营改增"政策显著降低了国有商业银行的产品层竞争力。

5.1.2　宏观层面研究结论

在宏观层面对"营改增"的政策效应进行研究发现，区域层面"营改增"政策有利于促进地区企业的区域竞争力。区域层面"营改增"政策对技术进步、全要素生产率、技术效率和规模效率的影响均不显著。但"营改增"政策对纯技术效率具有显著的正向影响，"营改增"政策通过提高地区企业的纯技术效率，从而提升企业的区域竞争力。

5.2　政　策　建　议

5.2.1　微观层面政策建议

基于微观层面的研究结论，本书提出以下政策建议。

（1）企业之所以能够强烈地感受到税负，主要有以下原因：第一，从实践来看，企业在交易活动中一律按照含税价格进行结算，将税款变成了价格的组成部分，增值税异化为价内税。在这种情况下，企业承担了不能转嫁的税负；第二，在市场交易价格受到严格约束和买方市场对价格的压迫的双重压力下，税款挤出利润，甚至出现购销双方谈判分摊增值税税款的情形，企业因此承担部分税负；第三，在市场景气度较低的情况下，进项税抵扣困难，甚至存在无法抵扣进项税的情况，进一步增强了企业的税负痛感。因此，企业应该设法提高议价能力，降低增值税对利润的挤出效应。企业应当充分认识到价内税的运行规律，除了控制成本和费用以外，设法提高产品质量、创新生产技术、拓展销售渠道、塑造良好形象，以增强核心竞争力，提高定价能力，保证在购销双方谈判中占据主导地位。

（2）对于商业银行来说，税负是"营改增"政策影响制度层竞争力的路径。因此，一方面，要优化贷款服务增值税制度。理论上，增值税的严格实行可以通过避免重复征税减轻银行业的流转税税负，提高其经营能力和服务实体经济的能力，也可以避免银行业的税负转嫁到其他行业。但借贷服务的"收费"较为复杂，银行贷款利息收入既代表本身的价格，也包括风险补偿、管理成本、存贷关系和目标收益等综合因素，现行税制对存款利息不征收增值税，相应地，商业银行也不能就存款利息获得进项税额抵扣，造成增值税抵扣链条断裂，实质上并没有完全消除重复征税的问题。因此，可以在现行税制的基础上，将购进贷款服务的利息支出和直接相关费用纳入抵扣范围，完善增值税抵扣链条。另一方面，要不断优化网点建设，在具有发展前景的地区增设智能网点，以获得尽可能多的可抵扣进项税额。我国增值税制不断向"消费型"模式过渡，在当前智能金融、科技金融等加快发展的背景下，银行业也要加大智能硬件设备投入，提高网点的智能化水平，提升金融服务的科技含量。此外，商业银行应该调整业务结构，适当增加中间业务比重，同时根据相关政策进行纳税筹划，尽可能多地利用税收优惠政策。

（3）在企业层面，企业应紧抓"营改增"契机，充分利用税改政策红利，尽可能获取较多的进项抵扣，减轻自身税负。增值税进项抵扣的特点导致轻资产企业当期如果没有足够的进项税额抵扣，当期增值税税负会出现激增的情况。企业应根据自身的生产经营情况及企业流动资金状况购置固定资产，选择当期销项税额较多的时期购买，一次性抵扣当期的销项税额；或者采取融资租赁的方式购买固定资产，将进项税额分摊到各个会计期间，实现每个会计期间都有较多的进项税额抵扣。并且，实施"营改增"政策之后，企业纳税由地税申报改为国税申报，企业应及时组织相关人员进行新模式的学习，充分利用好相应的优惠政策，减轻企业税收负担；还要逐渐完善自身经营制度，积极配合与协助征管工作。实施"营改增"政策之后进入"以票扣税"的纳税模式，在这种背景下，企业采购应该尽可能地取得增值税专用发票以参与抵扣降低税负。

（4）推动我国服务业资本配置效率的提升，打破服务业政府和行业垄断，适当引入竞争机制，放宽市场准入，增强服务业吸引社会资本和外商资本的能力。

例如，可以借助自贸试验区的建设积极探索服务业的开放、降低服务业的进入壁垒。地方政府也应制定适合本地区的经济发展战略规划，积极推动制造业基地的配套生产性服务中心建设，促进区域内的创新要素集聚，为生产性服务业发展创造良好环境。同时对当前面临转型升级压力的制造企业，适当给予资金补贴及所得税减免优惠，鼓励其将生产性服务外包，为生产性服务业创造大量需求，从而推动生产性服务业的规模化和专业化发展，最终在制造业和服务业互动融合下完成产业升级。

（5）着力促进高端服务业的发展，特别是以人工智能、大数据及物联网为核心的信息通信技术服务业及知识高度密集的科学研究技术服务业，加快服务业新兴产业与国民经济其他行业的融合，从根本上提升服务业资本配置效率，最终推动服务业成为未来中国经济高质量增长的主动力。

5.2.2　宏观层面政策建议

根据宏观层面的研究结论，本书提出以下政策建议。

（1）深化财税体制改革，加快推进立法工作，在"营改增"基础上，继续辅以其他配套措施，加快技术改革，培育新的比较优势，提升资本配置效率，转变经济发展动力、实现高质量增长。现代法治国家要求国家和纳税人的权利义务关系明确、稳定、可预期。目前，增值税的一些规定与税收法定原则的要求不相符，缺乏应有的权威性和规范性，与创建法治、高效、透明的营商环境的总体要求不相符。因此，建议加快推进增值税立法工作，将征税范围、税基、税率、减免税政策等税收要素以法律形式固定下来，维护税收法律的稳定性、严肃性和权威性。

（2）营造良好的市场竞争环境，放大"营改增"政策红利。目前我国市场机制仍处于不完善状态，市场经济并不是不需要政府的干预，而是既要有"有效的市场"，又要有"有为的政府"。因此，政府应当阻止行业垄断，营造更加公平的市场竞争环境，同时降低行业准入门槛，放大"营改增"政策红利。

（3）适当减少增值税的纳税档次和法定税率，简化增值税专用发票代开程序，达到为纳税人持续减税的目的，降低税收负担对企业生产经营的负面影响，为服务业资本配置效率提升继续提供制度红利。增值税是中性税种，理应避免其对经济活动的畸形干扰和增加政府的征管成本。为实现目标，比较可行的做法是调整和优化增值税税率，减少税率档次，适当降低税率，从而减少纳税成本，提高征管效率。当前，通过一系列简并税率的改革，我国增值税税率已简并至三档，但从全球已实行增值税的国家看，多数国家实行一档或两档的税率。基于我国增值税制度的综合考量，建议在适当时间审慎推出税率"三档变两档"；同时，为缓解增值税的累退性，兼顾效率和公平，对基本的民生领域和需求弹性较低的公共产品设置一档优惠税率。

（4）清理完善税收优惠政策。增值税是我国的主体税种，我国采取的即征即退、先征后返等优惠方式，实质上损害了增值税内在的控制机制，给虚开专用发票的偷骗税行为带来可乘之机。因此，建议重新审核并减少现行增值税优惠政策，将税收优惠集中于生活必需品、具有正外部性及激励效应的产品服务、金融企业等领域。

（5）深化实施数据管税。建议以大数据、人工智能、区块链等前沿信息技术为依托，深化实施数据管税，不断提高增值税征管质量和效率。一是从"发票"管税向"数据"管税转变，利用大数据技术和人工智能深挖增值税发票数据蕴含的经济信息，提高发票信息比对的自动化和智能化程度。二是大力研究区块链技术在税务领域的应用。区块链独特的分布式数据存储、去中心化共治及高度信任背书带动的数据透明等特点为增值税发票管理带来了新的思路，值得深入研究和探索。三是建立涉税信息保障机制。要推进涉税信息共享立法，加快《中华人民共和国税收征收管理法》修订，明确税务机关获取涉税信息的权力，同时规定凡是掌握涉税信息的第三方主体都应当向税务机关提供相关信息并承担相应的法律责任，解决征纳双方信息不对称问题。同时应建立涉税信息交换平台，建立统一的集涉税信息采集、提供、传递、分析和应用于一体的信息化平台，实现涉税信息互联互通共享。

（6）大力扶持中小民营企业与高新技术企业发展。在优化营商环境的大背景下，以供给侧结构性改革为主要切入点，针对中小民营企业面临的困境，持续加大减税力度，针对企业科技创新行为给予多维度税收优惠，具体包括：扩大企业所得税固定资产加速折旧或一次性扣除的适用行业范围，扩大技术设备进口免征增值税和采购国产设备增值税退税的适用企业范围，科技型中小企业研发人员的科技奖金适当减免个人所得税。鉴于增值税在推动企业创新方面具有独特优势，可以在完善增值税现行税收制度的基础上，增加企业创新活动增值税税收优惠政策，包括扩大高新技术企业增值税即征即退、增值税期末留抵税额退税的适用行业范围，鼓励企业进行创新活动。

参 考 文 献

白彦锋，陈珊珊. 2017. "营改增"的减税效应——基于 DSGE 模型的分析[J]. 南京审计大学学报，14（5）：1-9.

白云霞，唐伟正，刘刚. 2019. 税收计划与企业税负[J]. 经济研究，54（5）：98-112.

卞志村，杨源源. 2016. 结构性财政调控与新常态下财政工具选择[J]. 经济研究，51（3）：66-80.

卞志村，赵亮，丁慧. 2019. 货币政策调控框架转型、财政乘数非线性变动与新时代财政工具选择[J]. 经济研究，54（9）：56-72.

步丹璐，文彩虹，Banker R. 2016. 成本粘性和盈余稳健性的衡量[J]. 会计研究，（1）：31-37, 95.

曹平，王桂军. 2019. "营改增"提高企业价值了吗?——来自中国上市公司的经验证据[J]. 财经论丛，（3）：20-30.

曹书军，刘星，张婉君. 2009. 财政分权、地方政府竞争与上市公司实际税负[J]. 世界经济，（4）：69-83.

曹越，李晶. 2016. "营改增"是否降低了流转税税负——来自中国上市公司的证据[J]. 财贸经济，37（11）：62-76.

陈春华，曹伟. 2019. 高管税负晋升激励、机构投资者与企业价值——来自地方国有企业的经验证据[J]. 江西社会科学，39（5）：227-237.

陈国辉，关旭，王军法. 2018. 企业社会责任能抑制盈余管理吗?——基于应规披露与自愿披露的经验研究[J]. 会计研究，（3）：19-26.

陈金勇，袁蒙菡，汤湘希. 2016. 研发投入就能提升企业的价值吗?——基于创新存量的检验[J]. 科技管理研究，36（11）：8-14.

陈磊，宋乐，施丹. 2012. 企业的成本粘性被高估了吗? 基于中国上市公司的实证研究[J]. 中国会计评论，10（1）：3-16.

陈钊，王旸. 2016. "营改增"是否促进了分工：来自中国上市公司的证据[J]. 管理世界，（3）：36-45, 59.

陈昭，刘映曼. 2019. "营改增"政策对制造业上市公司经营行为和绩效的影响[J]. 经济评论，（5）：22-35.

程宏伟，吴晓娟. 2018. 税制结构、股权性质及企业税负粘性[J]. 中南大学学报（社会科学版），24（4）：77-86.

程惠芳，陆嘉俊. 2014. 知识资本对工业企业全要素生产率影响的实证分析[J]. 经济研究，49（5）：174-187.

迟丽华，贾滢. 2014. "营改增"背景下物流企业增值税的纳税筹划[J]. 生产力研究，（8）：66-68.

丛屹，周怡君. 2017. 当前我国税制的"税负刚性"特征、效应及政策建议——基于2013-2016年制造业上市公司数据的实证分析[J]. 南方经济，（6）：53-63.

邓可斌，曾海舰. 2014. 中国企业的融资约束：特征现象与成因检验[J]. 经济研究，49（2）：47-60，140.

杜剑. 2020. 柔性税收征管、企业社会责任与企业价值[J]. 会计之友，（18）：2-10.

杜剑，楚琦，杨杨. 2019. 金融衍生工具、有效税率与公司价值[J]. 现代财经（天津财经大学学报），39（9）：12-24.

杜剑，史艳敏，杨杨. 2020. 企业税负粘性研究：基于税务机关税收稽查的视角[J]. 贵州财经大学学报，（2）：56-66.

杜剑，史艳敏，杨杨. 2021. 柔性税收征管对企业价值的影响——基于研发投入的遮掩效应[J]. 管理学刊，34（3）：105-125.

杜剑，于芝麦. 2018. 上市公司并购交易中的成本粘性和价值创造[J]. 现代财经（天津财经大学学报），38（9）：61-76.

杜莉，刘念，蔡至欣. 2019. 金融业营改增的减税效应——基于行业关联的视角[J]. 税务研究，（5）：34-41.

杜子平，李根柱. 2019. 碳信息披露对企业价值的影响研究[J]. 会计之友，（16）：66-70.

范子英，彭飞. 2017. "营改增"的减税效应和分工效应：基于产业互联的视角[J]. 经济研究，52（2）：82-95.

冯延超. 2012. 中国民营企业政治关联与税收负担关系的研究[J]. 管理评论，24（6）：167-176.

高金平. 2016. 房地产开发企业营改增后一般纳税人税务实操分析[J]. 中国税务，（7）：39-42.

高峻，郭磊. 2013. 金融业"营改增"税负变化预测[J]. 财会月刊，（11）：28-29.

高峻，洪佳佳. 2017. 金融业"营改增"后税负变动评估——基于五大国有商业银行的数据[J]. 财会通讯，（8）：124-126.

高利芳，张东旭. 2019. 营改增对企业税负的影响研究[J]. 税务研究，（7）：89-95.

高培勇. 2006. 中国税收持续高速增长之谜[J]. 经济研究，（12）：13-23.

高培勇. 2013. "营改增"的功能定位与前行脉络[J]. 税务研究，（7）：3-10.

郭翠荣，刘亮. 2012. 基于因子分析法的我国上市商业银行竞争力评价研究[J]. 管理世界，（1）：176-177.

郭新强，胡永刚. 2012. 中国财政支出与财政支出结构偏向的就业效应[J]. 经济研究，47（2）：5-17.

郭月梅. 2013. "营改增"背景下完善地方税体系的探讨[J]. 财政研究，（6）：35-37.

郝晓薇，段义德. 2014. 基于宏观视角的"营改增"效应分析[J]. 税务研究，（5）：3-7.

何太明，王怀明，黄中生. 2013. "营业税税改方案"对服务业税负的影响——基于投入产出表的分析[J]. 贵州财经大学学报，（4）：47-52.

何茵，沈明高. 2009. 政府收入、税收结构与中国经济增长[J]. 金融研究，（9）：14-25.

何音，李健，蔡满堂，等. 2020. 企业社会责任与企业价值：营销竞争力与顾客意识的作用机理[J]. 管理工程学报，34（2）：84-94.

胡大立，卢福财，汪华林. 2007. 企业竞争力决定维度及形成过程[J]. 管理世界，（10）：164-165.

胡华夏，洪荭，李真真，等. 2017a. 成本粘性刺激了公司研发创新投入吗？[J]. 科学学研究，35（4）：633-640.

胡华夏，洪荭，肖露璐，等. 2017b. 税收优惠与研发投入——产权性质调节与成本粘性的中介作用[J]. 科研管理，38（6）：135-143.

胡小文，章上峰. 2015. 利率市场化、汇率制度改革与资本账户开放顺序安排——基于NOEM-DSGE模型的模拟[J]. 国际金融研究，（11）：14-23.

胡亚敏，李建强，苗连琦. 2016. 企业社会责任如何作用于企业价值——基于消费者认知角度的考量[J]. 宏观经济研究，（12）：132-144.

江伟，胡玉明. 2011. 企业成本费用粘性：文献回顾与展望[J]. 会计研究，（9）：74-79.

江伟，胡玉明，吕喆. 2015. 应计盈余管理影响企业的成本粘性吗[J]. 南开管理评论，18（2）：83-91.

姜竹，马文强. 2013 . "营改增"对地方财政稳定性的影响研究[J]. 中央财经大学学报，（9）：1-7.

金碚. 2003. 企业竞争力测评的理论与方法[J]. 中国工业经济，（3）：5-13.

金碚，龚健健. 2014. 经济走势、政策调控及其对企业竞争力的影响——基于中国行业面板数据的实证分析[J]. 中国工业经济，（3）：5-17.

科尔奈 J. 2007. 社会主义体制：共产主义政治经济学[M]. 张安译. 北京：中央编译出版社.

孔玉生，朱乃平，孔庆根. 2007. 成本粘性研究：来自中国上市公司的经验证据[J]. 会计研究，（11）：58-65，96.

李彬. 2013. 管理层权利、过度投资与公司价值——基于集权与分权理论的分析[J]. 财经论丛，（6）：75-82.

李彬，郑雯，马晨. 2017. 税收征管对企业研发投入的影响——抑制还是激励？[J]. 经济管理，39（4）：20-36.

李勃昕，韩先锋，刘斌. 2019. 宏观税负是否影响了对外直接投资的创新溢出？[J]. 财政研究，（10）：87-99.

李彩霞，韩贤. 2017. "营改增"政策会降低企业会计信息质量吗？——来自交通运输业上市公司的经验证据[J]. 税务与经济，（1）：94-102.

李成，张玉霞. 2015. 中国"营改增"改革的政策效应：基于双重差分模型的检验[J]. 财政研究，（2）：44-49.

李桂萍，刘薇. 2013. 结构性减税对资本成本影响研究[J]. 财政研究，（5）：20-24.

李建人. 2013. "营改增"的进行时与未来时[J]. 财经问题研究，（5）：78-84.

李青原，唐建新. 2010. 企业纵向一体化的决定因素与生产效率——来自我国制造业企业的经验证据[J]. 南开管理评论，13（3）：60-69.

李戎，张凯强，吕冰洋. 2018. 减税的经济增长效应研究[J]. 经济评论，（4）：3-17.

李涛，刘丹丹. 2018. 营改增对宏观税负与经济增长的改革后验效应研究[J]. 经济与管理，32（4）：33-40.

李伟，李卫平. 2016. 营改增对交通运输业上市公司税负和财务的影响研究[J]. 上海经济研究，（1）：61-70.

李艳妮，姜诗尧，何良兴. 2019. 创始CEO先前经验、先前承诺与新企业绩效的实证研究[J]. 科学学与科学技术管理，40（6）：54-67.

李永友. 2004. 我国税收负担对经济增长影响的经验分析[J]. 财经研究, (12): 53-65.

李远慧, 罗颖. 2017. 营改增减税效应研究——以北京为例[J]. 税务研究, (11): 52-56.

梁上坤. 2015. 管理者过度自信、债务约束与成本粘性. 南开管理评论, 18 (3): 122-131.

林汉川, 管鸿禧. 2004. 我国东中西部中小企业竞争力实证比较研究[J]. 经济研究, (12): 45-54.

刘斌. 2008. 我国 DSGE 模型的开发及在货币政策分析中的应用[J]. 金融研究, (10): 1-21.

刘嫦, 杨兴全, 李立新. 2014. 绩效考核、管理者过度自信与成本费用粘性[J]. 商业经济与管理, (3): 78-87.

刘海波, 邵飞飞, 钟学超. 2019. 我国结构性减税政策及其收入分配效应——基于异质性家庭 NK-DSGE 的模拟分析[J]. 财政研究, (3): 30-46.

刘海庆, 高凌江. 2011. 我国税制结构、税负水平与经济增长的关系研究——基于全国 30 个省级单位面板数据的 PVAR 分析[J]. 财经理论与实践, 32 (3): 68-73.

刘行. 2012. 税率的粘性——来自所得税改革的经验证据[J]. 山西财经大学学报, 34 (5): 1-8.

刘行, 叶康涛. 2014. 金融发展、产权与企业税负[J]. 管理世界, (3): 41-52.

刘辉, 郭新华, 刘子兰. 2019. 中国家庭债务与财政支出效应——基于异质性家庭的 DSGE 模型分析[J]. 财贸研究, 30 (11): 56-71.

刘辉, 滕浩. 2019. 不同生命阶段中制造业企业研发投入对价值的影响研究[J]. 软科学, 33 (2): 93-96.

刘慧龙, 吴联生. 2014. 制度环境、所有权性质与企业实际税率[J]. 管理世界, (4): 42-52.

刘建徽, 周志波. 2016. 营改增的政策演进、现实困境及政策建议[J]. 经济体制改革, (2): 160-165.

刘建民, 蒋雨荷. 2016. "营改增"对交通运输行业财务绩效影响的实证研究[J]. 会计之友, (14): 98-102.

刘建民, 唐红李, 吴金光. 2019. 企业异质背景下"营改增"对技术创新的微观效应研究——基于准自然实验的 PSM 实证检验[J]. 中国软科学, (9): 134-142.

刘骏, 刘峰. 2014. 财政集权、政府控制与企业税负——来自中国的证据[J]. 会计研究, (1): 21-27, 94.

刘平. 2007. 企业竞争力的影响因素与决定因素[J]. 科学学与科学技术管理, 28 (5): 134-139.

刘晓星, 姚登宝. 2016. 金融脱媒、资产价格与经济波动: 基于 DNK-DSGE 模型分析[J]. 世界经济, 39 (6): 29-53.

刘迎秋. 2004. 中国民营企业竞争力报告[M]. 北京: 社会科学文献出版社.

卢洪友, 王蓉, 余锦亮. 2019. "营改增"改革、地方政府行为与区域环境质量——基于财政压力的视角[J]. 财经问题研究, (11): 74-81.

卢洪友, 王云霄, 祁毓. 2016. "营改增"的财政体制影响效应研究[J]. 经济社会体制比较, (3): 71-83.

栾强, 罗守贵. 2018. "营改增"激励了企业创新吗?——来自上海市科技企业的经验证据[J]. 经济与管理研究, 39 (2): 87-95.

罗党论, 杨玉萍. 2013. 产权、政治关系与企业税负——来自中国上市公司的经验证据[J]. 世界经济文汇, (4): 1-19.

罗宏, 陈丽霖. 2012. 增值税转型对企业融资约束的影响研究[J]. 会计研究, (12): 43-49, 94.

骆永民，樊丽明. 2019. 宏观税负约束下的间接税比重与城乡收入差距[J]. 经济研究，54（11）：
　　37-53.

吕峻. 2019. 管理层激励结构、研发投资与公司价值[J]. 投资研究，38（7）：105-118.

马拴友. 2001. 宏观税负、投资与经济增长：中国最优税率的估计[J]. 世界经济，（9）：41-46.

马永强，张泽南. 2013. 金融危机冲击、管理者盈余动机与成本费用粘性研究[J]. 南开管理评论，
　　16（6）：70-80.

马勇. 2015. 中国货币政策透明度的经验研究[J]. 世界经济，38（9）：3-28.

毛捷，曹婧，杨晨曦. 2020. 营改增对企业创新行为的影响——机制分析与实证检验[J]. 税务研
　　究，（7）：12-19.

穆林娟，张妍，刘海霞. 2013. 管理者行为、公司治理与费用粘性分析[J]. 北京工商大学学报（社
　　会科学版），28（1）：75-81.

倪红福，龚六堂，王茜萌. 2016. “营改增”的价格效应和收入分配效应[J]. 中国工业经济，（12）：
　　23-39.

倪静洁，万红波. 2016. “营改增”对制造业上市公司绩效的影响——基于产业融合的视角[J]. 会
　　计之友，（21）：13-19.

潘常刚. 2018. 营改增的居民福利与公平效应研究——基于可计算一般均衡模型的实证分析[J].
　　税务研究，（3）：51-57.

潘雷驰. 2008. 我国税收增速变动征管成因的定量研究——1978—2005 年数据的实证检验[J].
　　财经问题研究，（2）：82-89.

钱晓东. 2018. “营改增”、专业化分工与研发投入——基于微观企业数据的经验研究[J]. 山西财
　　经大学学报，40（2）：98-111.

强国令，王梦月. 2020. “营改增”、投资效率和公司期权价值[J]. 贵州财经大学学报，（2）：67-75.

乔俊峰，陈宇旺. 2017. 减税增支压力下地方政府财政支出效率研究——基于 DEA-Malmquist
　　方法的实证分析[J]. 经济与管理评论，33（4）：94-101.

邵君利. 2009. 企业社会责任活动对企业价值的影响——根据中国化学制品行业上市公司的经
　　验证据[J]. 审计与经济研究，24（1）：75-80.

邵悦心，陈守明，王健. 2019. “营改增”政策对企业创新投入的影响研究——基于倾向得分匹
　　配的双重差分方法[J]. 科研管理，40（6）：77-85.

佘镜怀，佘源，付东普. 2019. 营改增对高新技术企业研发投入的影响研究[J]. 税务研究，（3）：
　　91-95.

申广军，陈斌开，杨汝岱. 2016. 减税能否提振中国经济？——基于中国增值税改革的实证研究[J].
　　经济研究，51（11）：70-82.

宋航，曾嵘，陈婉怡. 2019. 企业避税、税务风险与企业价值[J]. 财经论丛，（6）：21-31.

宋丽颖，杨潭，钟飞. 2017. 营改增后企业税负变化对企业经济行为和绩效的影响[J]. 税务研究，
　　（12）：84-88.

宋晓华，蒋潇，韩晶晶，等. 2019. 企业碳信息披露的价值效应研究——基于公共压力的调节作
　　用[J]. 会计研究，（12）：78-84.

孙红莉，雷根强. 2019. 纳税信用评级制度对企业技术创新的影响[J]. 财政研究，（12）：87-101.

孙吉乐. 2017. “营改增”、企业利润率与企业创新[J]. 管理世界，（11）：180-181.

孙梦男，姚海鑫，赵利娟. 2017. 政治关联、并购战略选择与企业价值[J]. 经济理论与经济管理，（6）：19-32.

孙晓华，王昀. 2014. R&D 投资与企业生产率——基于中国工业企业微观数据的 PSM 分析[J]. 科研管理，35（11）：92-99.

孙雪娇，翟淑萍，于苏. 2019. 柔性税收征管能否缓解企业融资约束——来自纳税信用评级披露自然实验的证据[J]. 中国工业经济，（3）：81-99.

孙正，陈旭东，雷鸣. 2020. "营改增"是否提升了全要素生产率？——兼论中国经济高质量增长的制度红利[J]. 南开经济研究，（1）：113-129.

汤泽涛，汤玉刚. 2020. 增值税减税、议价能力与企业价值——来自港股市场的经验证据[J]. 财政研究，（4）：115-128.

唐梅，赵媛媛，周宁. 2017. "营改增"对商业银行经营管理的影响[J]. 西南金融，（1）：63-67.

陶东杰，李成，蔡红英. 2019. 纳税信用评级披露与企业税收遵从——来自上市公司的证据[J]. 税务研究，（9）：101-108.

滕承秀. 2019. "营改增"对企业绩效影响的多重共线性检验[J]. 统计与决策，35（9）：178-181.

田志伟，胡怡建. 2014. "营改增"对财政经济的动态影响：基于 CGE 模型的分析[J]. 财经研究，40（2）：4-18.

万华林，朱凯，陈信元. 2012. 税制改革与公司投资价值相关性[J]. 经济研究，47（3）：65-75.

万寿义，王红军. 2011. 管理层自利、董事会治理与费用粘性——来自中国制造业上市公司的经验证据[J]. 经济与管理，25（3）：26-32.

万寿义，徐圣男. 2012. 中国上市公司费用粘性行为的经验证据——基于上市公司实质控制人性质不同的视角[J]. 审计与经济研究，27（4）：79-86.

王百强，孙昌玲，伍利娜，等. 2018. 企业纳税支出粘性研究：基于政府税收征管的视角[J]. 会计研究，（5）：28-35.

王桂军，曹平. 2018. "营改增"对制造业企业自主创新的影响——兼议制造业企业的技术引进[J]. 财经研究，44（3）：4-19.

王甲国. 2016. 建筑业应对"营改增"之策略[J]. 税务研究，（1）：99-102.

王文甫. 2010. 价格粘性、流动性约束与中国财政政策的宏观效应——动态新凯恩斯主义视角[J]. 管理世界，（9）：11-25.

王玺，李晓，徐国荣. 2016. 银行业"营改增"方案设计及效应[J]. 税务研究，（2）：89-92.

王小鲁，樊纲，马光荣. 2017. 中国分省企业经营环境指数 2017 年报告[M]. 北京：社会科学文献出版社.

王业斌，许雪芳. 2019. 减税降费与经济高质量发展——来自小微企业的微观证据[J]. 税务研究，（12）：16-21.

王玉兰，李雅坤. 2014. "营改增"对交通运输业税负及盈利水平影响研究——以沪市上市公司为例[J]. 财政研究，（5）：41-45.

魏娟，邢占文. 2008. 劳动分工与生产效率理论评述及现实思考[J]. 内蒙古财经学院学报，（4）：9-13.

魏天保. 2018. 税收负担、税负结构与企业投资[J]. 财经论丛，（12）：28-37.

吴联生. 2009. 国有股权、税收优惠与公司税负[J]. 经济研究，44（10）：109-120.

吴祖光, 万迪昉. 2012. 企业税收负担计量和影响因素研究述评[J]. 经济评论, （6）: 149-156.

武晓利, 晁江锋. 2014. 政府财政支出结构调整对经济增长和就业的动态效应研究[J]. 中国经济问题, （5）: 39-47.

席鹏辉, 梁若冰, 谢贞发, 等. 2017. 财政压力、产能过剩与供给侧改革[J]. 经济研究, 52（9）: 86-102.

向景, 马光荣, 魏升民. 2017. 减税能否提振企业绩效——基于上市公司数据的实证研究[J]. 学术研究, （10）: 102-108, 178.

谢贞发, 严瑾, 李培. 2017. 中国式"压力型"财政激励的财源增长效应——基于取消农业税改革的实证研究[J]. 管理世界, （12）: 46-60.

熊俊莉, 罗志雄. 2018. 台湾当局推动税制改革的背景、内容及争议[J]. 亚太经济, （4）: 131-136.

徐天舒. 2020. 企业社会责任对企业竞争力影响的实证检验[J]. 统计与决策, 36（9）: 164-168.

徐月芳, 吴易明. 2012. 企业社会责任与企业竞争力关系实证研究——基于部分中国上市公司的经验证据[J]. 战略决策研究, 3（6）: 21-28.

许海晏, 安久意. 2020. "营改增"对我国物流上市公司投资活动的影响[J]. 中国流通经济, 34（4）: 76-86.

闫晴. 2018. 家庭财富差距的税法调节: 理念转型与制度优化[J]. 广东财经大学学报, 33（3）: 103-112.

阳杰, 陈灯定, 应里孟. 2020. 企业避税与环境责任: 互补、替代抑或独立[J]. 华东经济管理, 34（2）: 112-121.

杨兵, 杨杨, 杜剑. 2020. 财政压力下结构性减税的宏观经济效应: 减税政策组合视角[J]. 中央财经大学学报, （7）: 17-30.

杨杨, 于芝麦, 杜剑. 2018. 股权分拆上市背景下企业税负与企业价值关系研究[J]. 税务研究, （7）: 103-109.

杨杨, 于芝麦, 杜剑. 2019. 高质量的内部控制能否降低企业有效税率? ——基于模糊断点回归设计的数据实证检验[J]. 财经论丛, （8）: 20-30.

杨芷晴. 2013. 试析"营改增"背景下的消费税改革[J]. 税务研究, （7）: 50-53.

杨卓尔, 高山行, 江旭. 2014. 原始创新的资源基础及其对企业竞争力的影响研究[J]. 管理评论, 26（7）: 72-81.

易靖韬, 蒙双. 2016. 异质性企业出口、技术创新与生产率动态效应研究[J]. 财贸经济, （12）: 85-99.

袁从帅, 包文馨. 2015. "营改增"与企业创新型无形资产投资——基于信息技术服务业上市公司的双重差分研究[J]. 河北经贸大学学报（综合版）, 15（3）: 81-83.

袁从帅, 罗杰, 秦愿. 2019. 税制优化与中国经济结构调整——基于营改增的实证研究[J]. 税务研究, （9）: 34-41.

袁建国, 胡明生, 唐庆. 2018. 营改增对企业技术创新的激励效应[J]. 税务研究, （3）: 44-50.

曾亚敏, 张俊生. 2009. 税收征管能够发挥公司治理功用吗? [J]. 管理世界, （3）: 143-151, 158.

詹新宇, 苗真子. 2019. 地方财政压力的经济发展质量效应——来自中国 282 个地级市面板数据的经验证据[J]. 财政研究, （6）: 57-71.

张宏翔, 席丽娟. 2018. 政府间的税收竞争与环境污染的非线性关系研究——基于面板门槛模型的实证分析[J]. 西安财经学院学报, 31（6）: 13-21.

张玲, 李慧兰. 2017. 公司政治关联、关联交易与企业价值——基于中介效应与调节效应分析[J]. 商业研究,（2）: 65-72.

张奇峰, 戴佳君, 樊飞. 2017. 政治联系、隐性激励与企业价值——以民营企业在职消费为例[J]. 会计与经济研究, 31（3）: 56-71.

张璇, 刘贝贝, 汪婷, 等. 2017. 信贷寻租、融资约束与企业创新[J]. 经济研究, 52（5）: 161-174.

张璇, 张计宝, 闫续文, 等. 2019. "营改增"与企业创新——基于企业税负的视角[J]. 财政研究,（3）: 63-78.

张岩. 2017. 新常态下我国结构性减税和税收工具的选择——基于开放经济 DSGE 模型的实证研究[J]. 现代财经, 37（7）: 71-88.

张岩. 2019. 结构性减税与扩张政府支出的宏观经济效应[J]. 经济与管理研究, 40（9）: 20-38.

张英明. 2017. 金融业"营改增"面临的挑战与风险应对策略[J]. 财会月刊,（1）: 38-42.

赵春妮, 寇小萱. 2018. 企业文化对企业竞争力影响的实证分析[J]. 统计与决策, 34（6）: 181-184.

赵连伟. 2015. 营改增的企业成长效应研究[J]. 中央财经大学学报,（7）: 20-27.

赵昕, 高楠, 丁黎黎. 2019. 外汇衍生工具使用与企业价值——基于 A 股上市公司的实证研究[J]. 金融论坛, 24（10）: 48-59.

赵迎春, 田志伟, 王钟兴. 2013. 增值税"扩围"的宏观效应分析[J]. 税务研究,（1）: 43-46.

周彬, 杜两省. 2016. 营改增对财政收入的影响及财税体制改革应对[J]. 当代财经,（6）: 25-33.

周黎安, 刘冲, 厉行. 2012. 税收努力、征税机构与税收增长之谜[J]. 经济学（季刊）, 11（1）: 1-18.

周湘峰, 郭艳. 2011. 供应链管理对企业竞争力及绩效影响的实证分析[J]. 企业经济,（7）: 48-50.

周晓光, 黄安琪. 2019. 管理者过度自信、税收规避与企业价值[J]. 税务研究,（11）: 92-98.

周玉龙, 杨继东, 黄阳华, 等. 2018. 高铁对城市地价的影响及其机制研究——来自微观土地交易的证据[J]. 中国工业经济,（5）: 118-136.

朱军. 2015. 中国宏观 DSGE 模型中的税收模式选择及其实证研究[J]. 数量经济技术经济研究, 32（1）: 67-81.

朱军. 2019. 高级财政学——DSGE 视角及应用前沿[M]. 上海: 上海财经出版社.

朱伟, 唐国琼. 2008. 企业竞争力的经济学解释[J]. 财经科学,（4）: 52-60.

朱雅琴, 姚海鑫. 2010. 企业社会责任与企业价值关系的实证研究[J]. 财经问题研究,（2）: 102-106.

邹洋, 吴楚石, 刘浩文, 等. 2019. 营改增、企业研发投入与企业创新产出——基于科技服务业上市公司的实证研究[J]. 税务研究,（7）: 83-88.

Gertler M, Kiyotaki N, 王崇宇. 2016. 无限期界经济中的银行业、流动性与银行挤兑[J]. 经济动态与评论,（2）: 73-109.

Adhikari A, Derashid C, Zhang H. 2006. Public policy, political connections, and effective tax rates: longitudinal evidence from Malaysia[J]. Journal of Accounting and Public Policy, 25（5）: 574-595.

Aiyagari S R, Christiano L J, Eichenbaum M. 1992. The output, employment, and interest rate effects of government consumption[J]. Journal of Monetary Economics, 30（1）: 7386.

An S, Schorfheide F. 2007. Bayesian analysis of DSGE models[J]. Econometric Reviews, 26 (4): 113-172.

Anderson M C, Banker R D, Janakiraman S N. 2003. Are selling, general, and administrative costs "Sticky"? [J]. Journal of Accounting Research, 41 (1): 47-63.

Arnold J M, Brys B, Heady C, et al. 2011. Tax policy for economic recovery and growth[J]. The Economic Journal, 121 (550): 59-80.

Autor D H. 2003. Outsourcing at will: the contribution of unjust dismissal doctrine to the growth of employment outsourcing[J]. Journal of Labor Economics, 21 (1): 1-23.

Ball L. 1999. Efficient rules for monetary policy [J]. International Finance, (2): 63-83.

Bertrand M, Mullainathan S. 2003. Enjoying the quiet life? Corporate governance and managerial preferences[J]. Journal of political Economy, 111 (5): 1043-1075.

Best M C, Brockmeyer A, Kleven H J, et al. 2015. Production versus revenue efficiency with limited tax capacity: theory and evidence from Pakistan[J]. Journal of Political Economy, 123 (6): 1311-1355.

Calvo G. 1983. Staggered prices in a utility maximizing framework[J]. Journal of Monetary Economics, (12): 383-398.

Christensen I, Dib A. 2007. The financial accelerator in an estimated new Keynesian model[J]. Review of Economic Dynamic, (9): 156-178.

Claessens S, Djankov S, Fan J P H, et al. 2002. Disentangling the incentive and entrenchment effects of large shareholdings[J]. The Journal of Finance, 57 (6): 2741-2771.

Coenen G, Straub R. 2005. Does government spending crowd in private consumption? Theory and empirical evidence for the euro area[R]. European Central Bank Working Paper No. 513.

Corput W V, Annacondia F. 2010. EU vat compass 2010/2011.

Du J, Lu Y, Tao Z. 2015. Government expropriation and Chinese-style firm diversification[J]. Journal of Comparative Economics, 43 (1): 155-169.

Fabiola A, Walter V D C. 2011. International overview of federal turnover tax-es and tax rates[J]. International Vat Monitor, (4): 238-242.

Fazzari S M, Hubbard R G, Petersen B C. 1988. Financing constraints and corporate investment[J]. Brookings Paperson Economic Activity, (1): 141- 206.

Galí J, Gertler M. 2007. Macroeconomic modeling for monetary policy evaluation[J]. Journal of Economic Perspectives, American Economic Association, 21 (4): 25-46.

Gort M. 1962. Front matter, diversification and integration in American industry[C]//Gort M. Diversification and Integration in American Industry. New York: Greenwood Press.

Guillermo C. 1983. Staggered prices in a utility maximizing framework[J]. Journal of Monetary Economics, (12): 383-398.

Guo G. 2007. Retrospective economic accountability under authoritarianism: evidence from China[J]. Political Research Quarterly, 60 (3): 378-390.

Hanlon M, Heitzman S. 2010. A review of tax research[J]. Journal of Accounting and Economics, 50 (2/3): 127-178.

Johansson A, Heady C, Arnold J, et al. 2008. Taxation and Economic Growth[M]. Paris: OECD Publishing.

Kaplan S N, Zingales L. 1997. Do investment-cash flow sensitivities provide useful measures of financing constraints? [J]. The Quarterly Journal of Economics, 112（1）: 169-215.

Keen M, Lockwood B. 2010. The value added tax: its causes and consequences[J]. Journal of Development Economics, 92（2）: 138-151.

Margolis J D, Walsh J P. 2003. Misery loves companies: rethinking social initiatives by business[J]. Administrative Science Quarterly, 48（2）: 268-305.

Nakada M. 2010. Environmental tax reform and growth: income tax cuts or profits tax reduction[J]. Environmental and Resource Economics, 47（4）: 549-565.

Rebelo S. 1991. Long-run policy analysis and long-run growth[J]. Journal of Political Economy, 99（3）: 500-521.

Sarkar S. 2012. Attracting private investment: tax reduction, investment subsidy, or both? [J]. Economic Modelling, 29（5）: 1780-1785.

Servaes H, Tamayo A. 2013. The impact of corporate social responsibility on firm value: the role of customer awareness[J]. Management Science, 59（5）: 1045.

Strobel F. 2016. The government spending multiplier, fiscal stress and risk[R]. Job Market Paper.

Walker D, Kay A, King M A. 1979. The British tax system[J]. Economic Journal, 89（353）: 173.

Wang H L, Qian C L. 2011. Corporate philanthropy and corporate financial performance: the roles of stakeholder response and political access[J]. Academy of Management Journal, 54（6）: 59-81.

Wu L, Wang Y, Lin B X, et al. 2007. Local tax rebates, corporate tax burdens, and firm migration: evidence from China[J]. Journal of Accounting and Public Policy, 26（5）: 555-583.

Wu L, Wang Y, Luo W, et al. 2012. State ownership, tax status and size effect of effective tax rate in China[J]. Accounting and Business Research, 42（2）: 97-114.

Yermack D. 1996. Higher qet valuation for firms with a small board of directors[J]. Journal of Financial Economics, 40: 185211.